智元微库

OPEN MIND

成长也是 种美好

创业黑马学院书系

吴世春 著

心力

创业如何在事与难中精进

人民邮电出版社
北京

图书在版编目（CIP）数据

心力：创业如何在事与难中精进 / 吴世春著. --
北京：人民邮电出版社，2020.5
（创业黑马学院书系）
ISBN 978-7-115-53618-1

Ⅰ. ①心… Ⅱ. ①吴… Ⅲ. ①创业—研究 Ⅳ.
①F241.4

中国版本图书馆CIP数据核字(2020)第051171号

◆ 著 吴世春
责任编辑 宋 燕
责任印制 周昇亮
◆人民邮电出版社出版发行 北京市丰台区成寿寺路 11 号
邮编 100164 电子邮件 315@ptpress.com.cn
网址 https://www.ptpress.com.cn
涿州市京南印刷厂印刷
◆开本：720×960 1/16
印张：18.25 2020 年 5 月第 1 版
字数：240 千字 2025 年 1 月河北第 17 次印刷

定 价：69.00 元

读者服务热线：（010）67630125 印装质量热线：（010）81055316
反盗版热线：（010）81055315
广告经营许可证：京东市监广登字20170147号

赞誉

吴世春将自己的投资世界观与阳明心学创造性地打通，创造出一门根植于中国土壤的创业者成长哲学。《心力》是对创业者精神以及创业者人性世界的总结和升华，我相信它会成为“小镇青年”[①] 的创业宝典，让创业者从无名小卒变成重要人物。

牛文文　创业黑马集团董事长、黑马学院院长

在这个特殊的时期，本书的出版具有非同寻常的意义。作为同样经历过“非典”时期的创业者，我们深知中小企业将要面临的是什么。青山一道，同担风雨，世春愿意用这样的方式帮助中小企业创业者，极为可贵！感谢世春，祝福世春！

俞敏洪　新东方教育集团创始人

在商业竞争中，有一点可能是争议最少的：人是企业竞争力、生命

---

① 根据《相信不起眼的改变：2018 中国小镇青年发展现状白皮书》中的定义，小镇青年是指出生在三四线及以下的县城、乡镇，在老家生活工作或前往大城市及省会周边城市打拼的青年。

力最核心、最根本的要素。本书正是从认知力和心力两个角度去摸索、探讨如何激活“人”的力量。在这个特殊的创业背景下，它无疑给我们提供了一种非常好的参考视角。

江南春　分众传媒创始人兼董事长

每次和世春谈话都很受启发，但凡创业遇到的问题在他那里都有让人醍醐灌顶的答案。更难得的是，世春既是投资人又是创业者，他的思想和哲学思考不仅有世界观，也有方法论和工具，因为他心无旁骛，将自己的心力尽洒其中。

吴声　场景实验室创始人

世春是一个非常有智慧的创业导师，更是一个能够从不同视角看世界的人。本书从多个维度、全面地展现了这些年他做创业者和投资人的思考与感悟，值得创业者深度学习。

贾伟　洛可可创新设计集团董事长

本书中的每一个字都是世春多年实践经验的总结。对我而言，阅读本书也是认知力的一次升级。很高兴看到这本书的出版，这也是世春的心愿——帮助更多聪明的年轻人成为真正的企业家。作为 2004 年同年创业起步的同龄好友，见证他一路奋斗、一路向前，也希望本书能让更多的人看到，帮助更多的人少走弯路!

吴志祥　同程集团创始人、董事长

推荐序

小镇青年的“梅花帮”[①]

吴世春是著名的天使投资人，是最早在创业黑马科技集团股份有限公司（以下简称“创业黑马”）开设实验室的投资人之一，也是开班招生人数最多的导师。截至2019年年底，吴世春已经在创业黑马开设了7期实验室，辅导了142位创业者。更关键的是，他还是创业黑马导师中投资学员最多的导师之一，先后投资了20位学员，投资金额累计超过1亿元。

天使投资人中的“吴世春现象”非常值得我们探究。在创立宁波梅花天使投资管理有限公司（以下简称“梅花创投”）之前，他曾是一名连续创业者，与陈华、张一鸣等人共同创办了酷讯网等公司。一般来讲，创业者转型为投资人，往往更注重专业性，倾向于在自己熟悉的领域内做投资。但是，

① 由梅花创投所投项目创业者组成的非常活跃的创业者社群。

我们从吴世春及梅花创投的投资轨迹可以看出，他是一位“宽屏”投资家，投资领域覆盖各类垂直产业，既有产业互联网项目“福佑卡车”，也有游戏类项目“大掌门”、消费硬件项目“小牛电动”、金融类项目“趣店”，等等。

吴世春在外界很少发言，“讷于言、敏于行”是他留给外界的印象。但在创业黑马平台上，不论是听他讲大课还是接受他的一对一辅导，学员们都会发现，吴老师是一位有理论体系、有思想且善于表达的投资人，他对学员项目的点评往往一针见血。他认为不论在哪个领域创业，无论技术还是模式，它们本质上都是靠人推动的，创业者才是创业活动最亮的底色。

“小镇青年向上的欲望是中国经济发展的长期动力”，这是吴世春提出的著名论断。的确，在吴世春的创业心学实验室里，有许多普普通通的创业者，即所谓的小镇青年。从他们身上，吴世春能发掘梦想，点燃创造力的火花，激发他们对创业方向、创业人才、创业资本不断思考，逐步帮助小镇青年把梦想变为现实。

在“2018 黑马运动会之戈壁挑战赛”上，张寒枫（创业心学实验室 2 期学员、去买票创始人）问吴世春：“吴老师，你为什么会投资我？”吴世春回答道：“因为你身上的那股劲儿。你的方向是对的。”创业心学实验室里还有很多像张寒枫这样的小镇青年，他们经由吴世春的帮助和辅导，已经实现了认知升级、业务升级、资本升级，成长为基本成熟的创业者，其公司进入了发展快车道。张寒枫也已成为一个散发着魅力的社群大师兄，帮助更多的黑马创业者成长。创业心学实验室每期结业时，吴世春都要回他的老家丫山实地上课。丫山是阳明心学的发源地，也是一个小镇。有时，几期学员会一起去，这就变成了一场吴世春与学员们的“嘉年华”。吴世春对于普通创业者的热情以及体系性的创业辅导，让他的学员喊出了一句口号——“有梅花，无寒冬”，他们成了创投界的“梅花帮”。

本书以《心力：创业如何在事与难中精进》为名，作者将自己的投资世界观与阳明心学创造性地打通，创造出一门根植于中国土壤的创业者成长哲学。本书是对创业者精神以及创业者人性世界的总结和升华，我相信它会成为小镇青年的创业宝典，让创业者从无名小卒（nobody）变成重要人物（somebody）。

希望更多的小镇青年都来读一读这本书。

牛文文

2020 年 2 月

序言

乍暖还寒时，最难将息。

2020 年的开端，太不寻常。一场疫情，让企业经营面临比想象中更困难的境况。

清华大学、北京大学联合调研的一份报告显示：有 1/3 的企业，其现金流仅可维持企业正常运转 2 个月；还有 1/3 的企业，其现金流只能维持企业正常运转 1 个月……

这场疫情对一些行业的影响时间很可能会超过 3 个月。这意味着很多企业在一季度是没有收入的。这对很多中小企业的创业者来说，几乎是不可愈合的创伤。一个家庭破产或者负债表上的负债很多，它还可以通过长时间的还债修复负债表，但一家企业资产负债表上的负债情况恶化，它的结局就是破产清算。

即使疫情结束，其影响也不会瞬间消失。社会恐慌心理对消费的影响也将冲击很多原有的经济链条。此外，大灾大疫之后，整个社会经济也需要时间恢复，这些都是企业在接下来的一年甚至更长的时间里会面临的困境。

所以，待到疫情结束，那些停摆的中小企业能否重启或者如何重启，现在来看都是未知数。

而我希望，这本书能给大家带来些微帮助。

原以为，这部书稿的完成，之于我最大的意义就是它了却了我长久以来的一件心事。现在看来，因缘际会，疫情之下，它或许又具有特殊的意义。

我是一位连续创业者，也是一位接触过上千位创业者的投资人，这两个身份都促使我越来越喜欢思考创业的本质问题。

我认为，创业是和平时期最绚烂、最刺激的一种生活方式。无论成败，它都已经最大限度地拓展了生命的深度和广度。从整个大环境来看，这是一个不乏创业梦想的时代。创业可以改变人生、改变世界、改变人们的生活方式，这个概念或许过于恢宏，但有很多人正在将这个愿景转化为现实，并且未来还会有更多的人加入其中。

创业是什么？这些年来，我见了非常多的创业者，评估了很多创业项目，见证了21世纪前20年中国波澜壮阔的企业发展史、更迭史，也经历过“非典”时期，正在经历这次疫情。以上经历让我愈发清晰地认识到，所谓创业，就是创业者带领一群未知的人，去一个未知的地方，干一件未知的事情。自始至终，创业都在与不确定性为伍。说到底，创业成功永远都是小概率事件——疫情之下，这个概率之小，恐怕更为惊人。

这种对冲和碰撞，让我极力地想尽己所能做些什么。

2014年，我们创立了梅花创投。梅花创投的使命就是帮助聪明的年轻人成为伟大的企业家，落到实处，就是要帮助创业者提高科学决策的水平，真正地提高创业成功率。

正是基于这个理念，这几年我在很多场合分享了自己关于创业的认知、心得、经验和教训，甚至连续几年在创业黑马开设了创业心学实验室创业课程……

但是，这些方式终归受众有限，所以我开始思考将我的这些认知和心得著书立说，让更多的人看见、让更多的人少走弯路。这就是我创作本书的初衷。

那么，具体分享什么呢？

创业是一个系统问题，与之相对应，创业者需要的也是一个完整的、能支撑自身成长和企业发展的底层思维系统。什么是底层思维系统？它是整体地、动态地、连续地思考问题的思维模式，是在复杂的动态系统中化繁为简的智慧。

投资创业也是一个系统问题，如果我们用线性思维解决系统问题，就会出现“头痛医头，脚痛医脚”或者“守株待兔”的情况。所以，一个好的底层思维系统必须既能指导解决实际问题，又能逻辑自洽——有方向、有方法论、有成果，也有验证机制。

所以这些年，我一直在思考和寻找是否有这样的一套哲学理论体系，它能全维度地覆盖这些问题。最终，我在阳明心学中找到了这个密码。

王阳明[①]是心学大家，也是一代圣贤，更有人称其为“儒家五百年来罕有之完人”，其历史功绩和哲学高度已无须赘言。阳明心学发轫于儒学，但又与传统儒学有所不同。

---

① 王守仁，字伯安，别号阳明，明代著名的思想家、哲学家、书法家、军事家、教育家。

儒学强调仁、礼、内圣，而心学是传统儒学的继承、发展和补充。它延续并继承了儒学的理想主义精髓，顺应了时代的发展和现实主义的逻辑，同时也把理想主义与现实主义的矛盾统一在了一起。它本质上追求的是“内圣外王”的价值取向。

这其实也是创业的本质需求。创业，既需要理论方法，也需要实践经验；既需要仰望星空，也需要脚踏实地；既需要大步前行，也需要抵御诱惑；既需要追求利益，也需要致良知、不忘初心、坚守社会责任……这样才能让企业在发展的道路上走得更远，走得更稳。

除此之外，我也是一位连续创业者，虽然现在已经不愿多提起，但是今天年轻创业者遇到的所有迷茫、困境以及至暗时刻，我都遇到过。正是这些经历，让我意识到强大的心力可以帮助我们解决很多的问题。

正是因为这一份特殊的渊源，我对阳明先生和阳明心学天然多了一份亲近和探究的兴趣。结合自己的 10 年观察、10 年实践，我总结、提炼、完善了自己关于创业的一套理论，并将其称为“创业心学”。

创业心学的核心是一个有方向、有方法论、有成果也有验证机制的心学闭环。对创业者来说，创业心学最大的价值和意义就在于，它提供了一套支撑创业者认知成长的底层思维系统。至此，也算初心始成。

虽然我研究的时间不短，但工作冗杂，真正诉诸笔端的时间极为有限，仓促成书。如书中有不足之处，还请各位读者提出，我们共同探讨。

当下，创业环境和企业经营面临一些危机。经济增速放缓、银根紧缩、发生了重大疫情等，行业内不断有人唱衰——“创业的黄金时代结束了”，所以创业者较之以往多了些思虑和警惕。

当危机来临，例如此次疫情，创业者应该如何面对？我有几点建议。

第一，提升我们对于危机的认知力，增强应对危机的心力。

第二，认知清楚，才能决策正确，才能转“危”为“机”。

第三，创业者的心力强大，才能稳定“军心”，企业才能顺利转型。

第四，跑赢同行，你的微观努力能够部分抵消某些宏观上的影响。很多行业都会出现“剩者为王”的现象。在危机中，创业者心力比较弱小的企业，很有可能会消失。

第五，当下，正是你脱颖而出、跑赢市场的一个转机，这又是另外一种认知，唯有心力强大者方能把握。

作为一位投资人，我依然看好未来 10 年，中国依然是创业和投资最有前景的地方，也依然看好那些“有野心”和有动力想要改变命运的年轻人。

在创业心学实验室，我们的口号是“让改变当场发生”。日月岁深，希望我们进心不退，也希望每一位读过本书的朋友都能有所改变。

是为序。

吴世春

2020 年 2 月

目录

第一章
创业成功的根源在于心的胜利

阳明心学强调“心外无物、心外无事、心外无理”，归根结底，创业的问题也是“心”的问题。在探究创业成功的路径时，你会发现，其逻辑不在于“术”，而在于“道”。这个“道”，就是我们的“心”，即我们的底层思维系统。

心学是创业成功的底层思维系统

我是一位连续创业者，也是一位接触过上千位创业者的投资人，这两个身份都促使我越来越喜欢思考创业的本质问题。创业到底是什么？**所谓创业，就是创业者带领一群未知的人，去一个未知的地方，干一件未知的事情。**自始至终，创业都是与不确定性为伍。这便决定了创业成功永远都是小概率事件。创业并不是一个单一的线性问题，而是一个指数问题——变量很多，并且每一个变量都有可能影响企业发展的整体进程和它的真实价值。

那么，创业者到底如何提高创业成功率呢？

梅花创投的使命就是帮助聪明的年轻人成为伟大的企业家，而落到实处，就是要帮助创业者提高科学决策的水平，真正地提高创业成功率。也正是基于这个理念，这几年我一直在创业黑马开设创业心学实验室创业课程。经过两三年的沉淀，我们的口号已初步形成，那就是“让改变当场发生”。

如今，在参加过这门课程的很多学员身上，这种改变都已发生。有些学员更加明确了自己的方向；有些学员则学会了创业的方法论，提升了解决实际问题的能力；还有一些学员，直接在课后获得了梅花创投的投资……

对我来说，这门课程最大的意义，既不是它提供了一份推动商业模式持续创新的拆解方案，也不是通过它可以获得解决企业问题的应用能力，而是它提供了一套支撑创业者认知成长的底层思维系统。对创业者来说，这才是一种系统的、可持续的、能够提升企业竞争力的核心驱动力。

这些年来，我接触了非常多的创业者和创业项目，也见证了从 1999 年到现在波澜壮阔的中国互联网发展史。有人功成名就，有人功败垂成，他们的差别在哪里？这背后的深层次原因是什么？

从生物学的角度讲，创业者在身体上并不存在太大的差别，都是一个脑袋、两只手、体重一百多斤[①]；真正的差别在于创业者拥有的智慧及其底层思维系统。它既决定了人前行的方向，也决定了人的认知边界，进而决定了人在创业旅程中能欣赏星辰大海，还是深陷泥沼险滩。其他的一切，外形和能力也好，表现力也罢，都只是依附于底层思维系统之上的硬件或应用程序（App）。能力固然重要，但不是创业者的核心竞争力。

何谓底层思维系统

创业是一个系统问题，如果用线性思维去解决系统问题，便会出现“头

① 1 斤 =0.5 千克。

痛医头，脚痛医脚”的情况，创业者真正需要的是一个能支撑自身成长和企业发展的底层逻辑，即我在前文提到的底层思维系统。它是一种整体地、动态地、连续地思考问题的思维模式，是在复杂动态系统中化繁为简的智慧。

对一家初创企业来说，竞争力和成功率往往都源自完整的系统能力，而绝不仅仅是一个电光石火的创意。

我是一位连续创业者，前后经历过 5 次创业，之后成了天使投资人。这些经历，让我对创业者天然多了一份了解和亲近。我也很高兴和他们接触，每次我都能或多或少地从他们身上找到一些闪光点，这让我愿意停下手上的事情，听他们讲讲自己改变世界的雄心。如果合拍，我也十分愿意为他们炽热燃烧的梦想添上一把干草。但有一类创业者，始终让我不太“感冒”。在与我见面之初，这类创业者便会问我能否保密，或者要求与我签订一份保密协议，然后他们才愿意向我透露他们所谓的“创意”和“商业模式”。遇到这种情况，我通常都会直接对他说：“既然是秘密，你还是自己留着吧，我并没有兴趣听。”

在我看来，如果某种创意和商业模式的竞争力只来自“一层窗户纸”，那便意味着，根本没有“护城河”能够对其形成有效的保护。业界为什么会出现“百团大战”“千播大战”以及单车颜色不够用的情况？其中很大一部分原因在于，在大多数情况下，你能做的商业模式别人也能做，而且很有可能在资本的助力下，别人比你做得更快、更好。真正有竞争力的商业模式，一定有一个完整的系统能力，即底层思维系统，其中包括创始人及团队的不断自我进化和思维迭代。

企业是在企业家的认知空间里成长的！如果让我给底层思维系统下个定义，那么它就是能够让你自发奔跑的核心驱动力。我将这个底层思维系统拆解为认知力和心力两大方面，虽然看不见、摸不着，但它是一种潜意识，决定了创业公司的发展前景。

一方面，认知力指导创业者对信息进行选择、甄别、判断从而做出决策，认知力也决定了企业的各种战略假设，而战略假设决定了企业的各项战略行动；另一方面，心力即愿力、专注力、创造力、洞察力，心力越强大，人生越从容，创业之路也会走得越稳健、越长远。

认知力指引方向，心力决定边界；认知力决定到哪里去，心力决定能走多远。所以，要想准确地评估一个创业项目的成功率，除了需要了解创业者显性的能力和能量，我们还应该关注他的认知力和心力层面，这决定了他未来的发展空间。

1. 认知力

未来的商战注定发生在企业管理者认知力的战场上。想象力驱动认知力的升级，唯一能够限制公司体量的就是企业创始人的认知力水平。经过长年的摸索和思考，我总结出了以下两个公式，与读者共享。

一流的团队＋三流的方向＝二流以上的项目

三流的团队＋一流的方向＝四流的结果

一家企业的价值，90% 集中在创业团队上，而一个创业团队的价值，

80% 集中在企业创始人的身上。

有一次在接受采访时，主持人问了我一个问题："你觉得企业创始人的需求有共性吗？"这个问题的答案是肯定的，企业创始人的需求的确聚焦在一个普遍的、具有共性的点上，即提升认知力。

一家企业的创始人，很有可能曾经只是一名工程师或一名产品经理，他的认知受限于自己的经历，存在天然的"认知隧道"。因此，创业者提升认知力水平，看到更广阔的世界，是一个非常迫切且实际的需求。对不同的创业者来说，在其他诸如融资、招人、方向把握等方面，可能存在不同的需求，但提升认知力水平是他们共有的、最普遍、最广泛的一个需求。

能力体现的是创业者解决已知问题的水平，认知力则体现的是创业者发现并解决未知问题的水平。成绩优秀、能力出众，只能证明你具备解决现有问题的能力，但正式踏上创业之路后，你会发现，每一天都有可能面对不同的挑战，而这些挑战并没有现成的答案可供参考。面对这些挑战，你特别需要拥有解决未知问题的能力。

2. 心力

可以通过后天学习获得的东西往往都是理性的，比如各种模式、方法等。这些理性的东西，人们既可以计算它、具体操作它，也可以判断其方向并纠偏。但真正驱动一个人前行的往往是他的内在感受、内在力量，即心力。

不同于多数投资人的雄厚背景，我只是一名小镇青年：上小学时，放学后砍柴、放牛；上初中时，卖过冷饮；上高中时，利用业余时间去服装店、游戏厅打工；在读大学期间，承包过录像厅、做过家教；后来，又陆陆续续有几次不算成功的创业经历。

辛苦当然不值得炫耀。毕竟在商业丛林中摸爬滚打的人，谁不勤奋？重点还是要看心力。

放到武侠小说中，我更希望自己是令狐冲，但实际上我可能更像郭靖，草根出身，学东西慢，只能一步一步来，慢慢地往上走。但是，一个人只要心力强大，不服输、不认输，就一定可以改变命运。

一个人事业的边界取决于其内心。如果你观察了足够多的人就会发现，成就最高的那批人往往有一项比能力和认知力更重要的天分，那就是心力强大。他们对成就感、参与感、荣誉感和成功的渴求更强烈，同时，他们对一些事情的痛苦感知也要比普通人更敏锐。

比如，有人受不了碌碌无为的痛苦，有人受不了自己不被众人关注的痛苦，有人受不了奋力拼搏只能当第二的痛苦，有人受不了没有挑战的痛苦，等等。所以，他们更要求自己向上，严格自律、昼度夜思、殚精竭虑。或许他们并不享受这个过程，但强大的心力让他们无法停下来。

相反，**很多人开始创业，首先赢在能力和各方资源上；然后，输在心力和决策力上。**乔布斯有个观点——让成功的创业者从不成功的创业者中脱颖而出的因素中，约有一半是纯粹的坚持。在今天看来，这个观点仍然正确。

人必须拥有强大的心力，才有可能在了解了创业的残酷之后，依旧满腔热血地坚持下去，直到登上事业的峰顶。

创业成功需要不断更新的底层思维系统

认知力是一个人成长的天花板。我们成长的核心就是提升自己的认知力，不断突破既有的思维框架，挑战自己，刷新自己对人、对事、对这个世界的认知。

企业也是一样，企业家的底层思维系统也是企业的边界。完整的系统能力才是一家企业真正的“护城河”。**什么是“护城河”？有水的时候，它是河；没水的时候，它其实就是一道沟，很容易让我们栽跟头。**所以，企业家必须保证企业的整个系统是有源头活水的，是不断更新的、迭代的、升级的，是能不断适应外界变化的。只有这样，一家企业才能拥有真正的竞争力。

优秀的创业者一定是能经常给他人带来惊喜的人。我与创业者接触很多，每天至少会见 6~8 位创业者和“梅花帮”成员。创业者之间的交流频率也非常高，所以对于创业者的动态、变化等，我都能很快地感知到。

在这些创业者中，有一些人，比如车和家的李想、福佑卡车的单丹丹、趣店的罗敏、趣学车的刘老木等，我真的每时每刻都能看到发生在他们身上的变化。他们接受新事物的速度非常快，也非常有魄力。几乎每次见面，我都会发现，他们的认知力水平比上一次见面的时候提升了，心力更强大了，和我刚认识他们的时候，不可同日而语。

任何时候，探讨创业成功率都应该包括两个视角：一个是外向视角；另一个是内向视角。所有的成功都离不开外向视角，如社会环境、时代动力等；当然也离不开内向视角，即企业创始人和创业团队。

当下的事实是，外在环境每时每刻都在变化，并且是快速的、颠覆式的。所以，创业者必须保证自己的底层思维系统不断地升级、更新，这种升级和更新是可持续的，其速度甚至要超过竞争对手的升级和更新速度。只有这样，创业者的底层思维系统才能与外界环境的变化相匹配，与企业的发展保持同步。

如果把认知力和心力比作人的底层思维系统，就成功的创业者而言，无疑其底层思维系统的版本更高一些，更新速度更快一些，所以他的系统也能支撑他走得更远。相反，如果你的认知力水平不高和心力不够强大，还想进阶并进行一些更复杂的运算？不好意思，系统不支持，你也就只能止步于此了。

所以，当你激情澎湃地想干一番事业之前，可以先自省一下，检视一下自己的底层思维系统：有没有系统漏洞，要不要升级版本。

作为投资人，我也更看好这种版本更高、更新速度更快的创业者。毕竟，在未来，创业成功的路径不再是从 A 点到 B 点的直线，一条不断往复、螺旋前进的曲线才是新常态。

创业心学的渊源

近年来，阳明心学大热，受到了越来越多的人的关注。

500 多年前，王阳明创立的阳明心学究竟蕴含怎样的智慧？它为何直到今天仍然备受推崇？今天，我们重温阳明心学的意义何在？阳明心学对创业者又有哪些指导意义呢？

王阳明其人

1472 年，王阳明出生在浙江余姚，他的父亲王华曾是状元，官至南京吏部尚书。小时候，因家境优渥、家世良好，王阳明拥有一个非常优越的学习环境。史料记载，王阳明 5 岁时仍不会说话，但他已经能够默记祖父读过的书。12 岁，王阳明正式进私塾读书，也正是从那时起，王阳明向世人展示了他的与众不同。

当时，世人皆以读书考科举进而步入仕途为头等大事，但王阳明志存高远，并且心思不同于旁人，他认为世间头等大事不是读书登第，而是成为圣贤。这就是王阳明从小立下的志向，他的圣贤情怀由此而生发。

当时朝政腐败、战争四起，加之外敌环伺，大明王朝早已不复当初的盛况，这也促使王阳明除了立志当圣贤，还下定决心要学好兵法，为国效忠。所以，年仅 15 岁的他上书当时的皇帝，为平定战乱献策；也曾出走居庸关、山海关等，了解关塞状况和敌情，毫无疑问，那时的王阳明就已有经略四方之志。

但王阳明的科举、仕途之路并不顺利。在那个“学成文武艺，货与帝王家”的时代，王阳明两次科考、两次落第。后来，即使他得以步入仕途，也是麻烦不断、危机四伏。35 岁，因得罪权奸刘瑾，王阳明被廷杖四十，流放到贵州龙场。也正是在这个地方，在一个深夜，王阳明于石洞中有了顿悟，发现心才是感应万事万物的根本，并由此提出“心即理”的命题。这就是著名的“龙场悟道”。

之后，王阳明几次临危受命，担任江西、福建、湖南、广东等地巡抚，平定叛乱、战功赫赫，所以他也被称为“大明军神”。

即使战功赫赫，但他的仕途依旧坎坷，多有战功却少有封赏。经历了这一切之后，他选择急流勇退，辞官立院讲学，直至生命终结。江西大余的丫山是阳明先生讲学和最终扬名天下的地方。临终前，有学生问王阳明还有什么遗言，他说了 8 个字：“此心光明，亦复何言！”

这就是阳明先生的一生，充满艰难坎坷，但也极为丰富多彩。著名学者余秋雨曾在《乡关何处》中这样形容王阳明："中国历史上能文能武的人很多，但在两方面都臻于极致的却寥若晨星……好像一切都要等到王阳明的出现，才能让奇迹真正产生……"

阳明先生内修心性，外练武功。居庙堂之高，他以武功挽狂澜、定江山，以一己之力扛住了那个风雨飘摇的王朝；处江湖之远，他所拥有的文治传承、教化知行合一、致良知等哲学思想即便到了今天也依旧熠熠生辉。

立德、立功、立言"三不朽"，这是从古至今儒家评判"圣人"的标准。但是纵观儒家历史，能符合这个标准，被称为"圣人"的并不多。有说法认为，儒家历史上只有两个半"圣人"：一个是万世师表的孔子，一个就是开创心学的王阳明，还有半个是晚清名臣曾国藩。

从时间的维度上讲，王阳明的一生并不太长，但他创立了阳明心学，这是"圣人""三不朽"中的立德；他功绩勋勋，彪炳史册，是为立功；他知行合一，立说教学，并有《传习录》等作品留世，是为立言。

"三不朽"他都做到了，所以有人称他为儒家历史上真真正正的500年来罕有之"完人"。

阳明心学及其影响

王阳明一生最重要也最广为人知的成就就是创立阳明心学。但阳明心学诞生之后，在很长的一段时间内受到各界的打压、排挤，因为它一直被认为是唯心主义。直到近代，越来越多的人才开始意识到，阳明心学正是基于传统儒学发展而来的。

从渊源上讲，心学的基因可以追溯到春秋战国时期的孔子和孟子。他们是儒学的先驱，孔子率先创立了以“仁”和“礼”为核心与精髓的原始儒学。并且，孔子有一个非常重要的人生态度——“求心安”，他认为很多事情不要拘泥于形式，内心是怎么想的、表现出来的，才是最真实的。这也是儒家学说中关于“心性”问题的第一次阐述。

后来，孟子继承和发展了孔子的儒家学说，并且进一步把心性问题提到了一个更高的高度。“仁”是儒学的核心，孟子认为“仁”回归本质就是人的心（仁，人心也），包括仁、义、礼、智，这些都是“性”，同样根植于“心”（君子所性，仁、义、礼、智根于心）。由此，儒家关于心性的理念基本形成。

到了汉代，董仲舒把儒家思想与当时的社会需要相结合，同时吸收其他学派的理论，创立了一个以儒学为核心的新的思想体系，也就是后世所说的“新儒学”。其中，同样有心学的成分。比如，董仲舒认为“尊礼重信，基于良心”“论事重‘志’”等。

到了宋代，程颢、程颐（合称“二程”）提出“理”的概念，理学雏形初步形成。“二程”认为，人的一生就是要“存天理灭人欲”，在这一点上，两人达成共识。但是具体到如何“存天理灭人欲”，两人却有不同的观点。程颢认为，人性本是善的，天理就在心中，所以只要在心上下功夫就可以了。程颐则认为，虽然人性是善的，但不能仅仅在自身上用功，还必须去外界寻找天理，格物致知，通过外界的力量让人性达到至善的境界。

到了南宋，又出现了两位与此有关的人物——朱熹和陆九渊。朱熹主要继承了程颐的思想并发展出了程朱理学；陆九渊则吸收了程颢的心学理论，创造了陆九渊心学，与理学分庭抗礼。

正是在这些理论的基础上，到了明代，王阳明才首次提出“心学”的概念，即“圣人之学，心学也”。

这就是阳明心学发展的一个大致脉络。由此不难看出，阳明心学发轫于儒学，但同时，阳明心学又与传统儒学有所不同。

儒学强调仁、礼、内圣，而心学是传统儒学的继承、发展和补充。心学是强调主体自我的儒学，突出自信、自强、自律、自为等，追求自我实现，并且从本质上讲，追求的是“内圣外王”的价值取向。同时，它又不仅仅是一种理论根据，还是一种包含方法论的修养哲学。

所以，阳明心学一诞生，其思想所焕发的光芒便超越了时间和空间的限制，深刻地影响着中国乃至世界。除了阳明先生自身在其指导下取得的功绩，他教学授课也影响了很多明朝官员，并且后世很多人都深受其影响。

此外，阳明心学在其他国家的影响力，较之在国内，也可以说是有过之而无不及。以日本为例，日本儒学家冈田武彦认为，在明朝灭亡以后，阳明心学“遭到空前激烈的非难”，“然而在日本，阳明心学则得到了彻底的发展”。

在日本的近代史上，有两个重要的历史节点：一个是倒幕运动；另一个是明治维新。从倒幕运动到明治维新，不论“前三杰”中的高杉晋作，还是

“后三杰”中的西乡隆盛、大久保利通、木户孝允，他们都是阳明心学的践行者。总之，阳明心学深刻地影响了日本历史特别是明治维新的发展，这已经是国际历史学界达成的共识。

创业心学

阳明心学存世 500 余年，虽然时代在不断进步，环境日新月异，但我们追求强大力量之源的内心和探求实现路径的欲望，却是恒久不变的。这正是我们研究和学习阳明心学的价值所在。

阳明心学继承了儒学的理想主义精髓，顺应了时代的发展和现实主义的逻辑，同时也把理想主义与现实主义的矛盾统一在了一起。

已经有越来越多的人意识到，阳明心学不仅是修心之道，还可以用于企业管理。它本身包含 3 个现代管理功能：培养解决问题的能力、抵御诱惑和承担社会责任。

这其实也是创业的本质需求。创业，既需要理论方法，也需要实践经验；既需要仰望星空，也需要脚踏实地；既需要大步前行，也需要抵御诱惑；既需要追求利益，也需要致良知、不忘初心、坚守社会责任感……这样才能让企业在发展道路上走得更远，走得更稳。

阳明心学如何具体指导创业者，心学闭环如何与创业观照，这是本书想要阐述的重点内容。

创业心学的闭环

企业发展是分阶段的，并且决定每一个阶段发展进程的要素也不相同：要想迅速地跨越初级阶段，强调的是个人英雄主义；中级阶段的胜利则是依靠集体的智慧；到了高级阶段，制胜的要素则势必会上升到哲学层面。

阳明心学是一个能够指导创业全程的哲学思维系统，创业心学理论也正由此而来。我研习多年，得出了一个关于创业心学的核心模型（见图 1-1）。

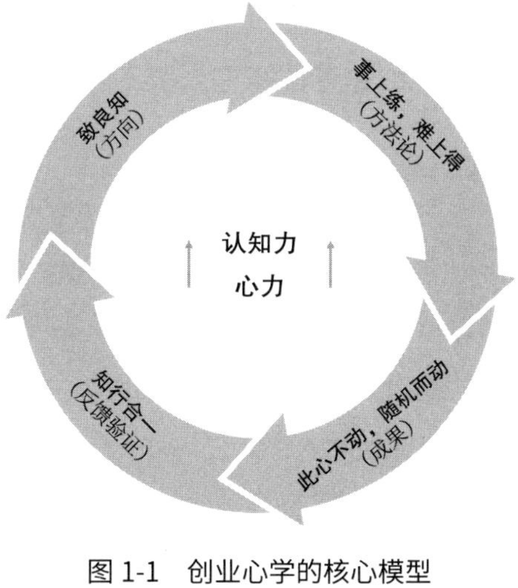

图 1-1　创业心学的核心模型

创业心学有4个关键点：第一，致良知；第二，事上练，难上得；第三；此心不动，随机而动；第四，知行合一。

简单来讲，“致良知”就是找对方向，朝着美好的愿景、抱着认真的心态去做事情。一旦做事，就到了第二阶段“事上练”。创业的路上困难不断、危机四伏，作为一名创业者，你要正视困难，因为它会给你带来回报，帮助你成长，也就是所谓的“难上得”。

当然，在这个过程中，既有挑战也有诱惑，你需要拥有强大的心力，做到“此心不动，随机而动”。什么是“此心不动”？它是指人在面对任何事情都可以做到不起心动念，不预设立场，不提前下结论。一个人如果能够做到此心不动，那么哪怕碰到再大的事情，他也不会慌张、害怕、动摇，而是会冷静地分析机会与挑战，之后才能无往不利，“知行合一”。

在这个闭环中，人的认知力会得到一次系统性的提升。从这点来看，创业心学就是一套支持创业者提升认知力和增强心力的战略思维系统。创业者持续采用这套思维系统就能够提升认知力和增强心力，继而有效地提高创业成功率。

福佑卡车是梅花创投投资的一个项目，创始人单丹丹是一个标准的阳明心学爱好者。在创业心学实验室中，我也曾多次邀请她为学员们讲解福佑卡车的发展路径，以及在此过程中体现的心学理论。单丹丹将福佑卡车的创立过程称为“演进之路1.0版”，如图1-2所示。

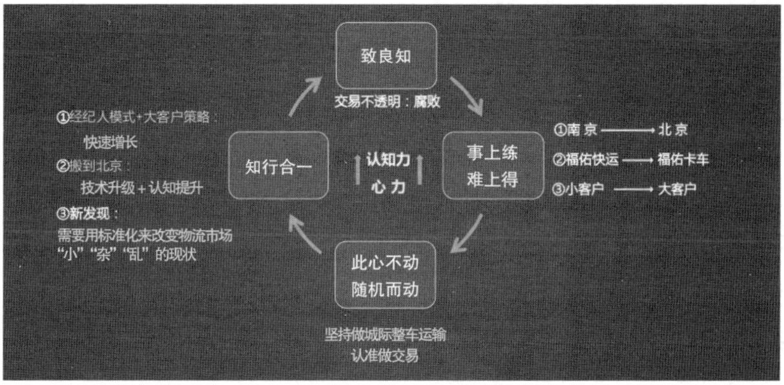

图 1-2　福佑卡车“演进之路 1.0 版”

首先，福佑卡车的成立有一个行业背景，就是当时的物流市场痛点很多，最突出的问题就是交易不透明、服务质量参差不齐，并且没有什么具体的行业标准进行规范。这就导致在交易过程中，各种腐败问题层出不穷。福佑卡车的出发点就是要整合线下与线上市场，解决这些问题和痛点。这个方向的选择就是阳明心学所倡导的“致良知”。

后来，福佑卡车遇到过大大小小很多的困难，为了解决这些困难，单丹丹带着南京本土企业福佑快运（福佑卡车的前身）背井离乡来到北京。此后，她做了多次业务上的调整，比如当时的福佑快运有一个大志向就是要“干掉”吃差价的中间商，但这违背了物流行业的运作规律，所以受到很大的打击。后来，它做了业务上的调整，开始拥抱中间商。比如，以前它的目标是服务小客户，遇到困难后，它又根据现实情况调整为服务大客户……这些就是“事上练，难上得”。对于福佑卡车和单丹丹来说，虽然困难很多，但收获和成长也很多。

在发展过程中，福佑卡车也曾迷失过一段时间——空运也做，零担运输也做，整车运输也做……业务很多、很杂，凡是能看到的机会都想试一下，但瓶颈很快就出现了。也正是从那时起，福佑卡车开始转型，专注于城际整车运输，砍掉了其他业务，这才摸索出了发展方向。这其实就是阳明心学强调的“此心不动，随机而动”。

通过这些努力，无论在认知力上还是心力上，单丹丹都有了很大的提升，也真正地做到了“知行合一”，并且最终的结果也验证了这个循环和前期认知的正确性。

比如“经纪人模式＋大客户策略”，带来的结果是快速增长，整个福佑卡车的体量和实力有了量级的变化；比如搬到北京之后，各方面的便利条件也帮助福佑卡车完成了技术升级，并且单丹丹和整个团队在认知力方面也有了很大的提升。这些都是“知行合一”的过程。

在这个过程中，单丹丹也有了一个新发现，那就是物流行业需要用标准化来解决整个市场的“小”“杂”“乱”等问题，这为福佑卡车进入下一个循环，即演进之路的 2.0 版本，找到了切入口。

这就是创业心学闭环在创业实践中的应用和反馈。但是，创业者也要清醒地认识到，创业是一个过程，没有明确的终点。创业不会一劳永逸，更没有万事大吉，而是永远在路上，要不断地面对新的挑战和新的目标。

在新的目标上，创业者也会遇到新的问题和挑战，解决了这些问题就会总结出解决这些问题的理论，然后用这套理论去验证和解决问题，从而达到进一步的“知行合一”。这其实就进入了下一个心学闭环。

在“演进之路 2.0 版”（见图 1-3）中，单丹丹的“致良知”使她认清了自己的方向——通过平台标准化改变整个行业效率低下的问题。

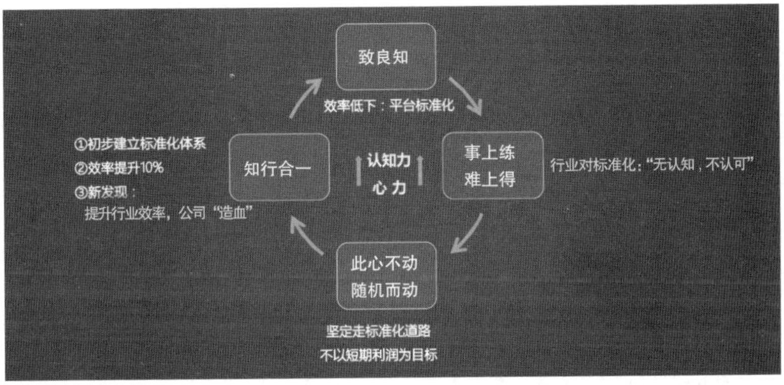

图 1-3　福佑卡车“演进之路 2.0 版”

在这次标准化的过程中，同样出现了很多问题，其中最主要的一个问题就是从团队到整个行业，大家已经习惯了以前的打法，对标准化没有概念，不认可，更不支持。面对这些难题，单丹丹的选择是坚持走标准化道路。这是新的循环里的“事上练，难上得”。

其实，标准化之所以困难重重，其中一个原因就是各种系统建设投入巨大，但短时间内无法获得相应的利润和回报。这时，单丹丹的心力和此心不动就体现在不以短期利润为目标上，她坚持走标准化的道路。

当然，最终的结果又一次验证了前期所做的决策和努力的正确性。这一次，福佑卡车不仅初步建立了标准化的体系，还将整体效率提升了10%。在这之后，单丹丹和整个团队的认知力有了更大的提升，心力得以增强。这一次，她们有了更大的目标——提升行业效率，为公司“造血”。

在“演进之路的3.0版”（见图1–4）中，单丹丹的“致良知”，即方向就是订单重构，促进了整个平台效益的提升。

为了完成这个目标，福佑卡车从单纯线下做物流，发展到通过人工智能（Artificial Intelligence，AI）技术对询价、报价、调度、运输、结算等各个节点进行赋能，同时引进前沿应用技术，将运输问题转换成依赖于大数据的数学问题。这也是“事上练，难上得”。

在“此心不动，随机而动”这一次演进中，前者表现为面对同城运输、仓储等诱惑，坚定地在整车运输领域发力；后者则表现为根据企业的发展和市场环境，开始涉足汽车金融领域（见图1–4）。

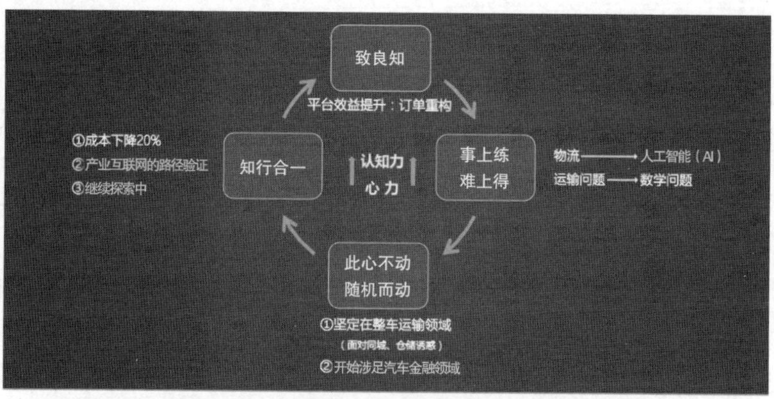

图1-4　福佑卡车“演进之路3.0版”

通过这些努力，福佑卡车的运营成本下降了20%，产业互联网在物流领域的发展路径也得到了验证。目前福佑卡车一直在探索，随时为进入下一个循环闭环而积蓄力量。

这就是福佑卡车的发展路径。我们从中不难看出，创业心学，学的就是如何提升认知力、增强心力的完整哲学理论。这个哲学理论不仅能够指导人们解决实际问题，还能够逻辑自洽——有方向、有方法论、有成果，也有验证机制。

创业心学闭环是一个持续的、不断走向更高点的系统闭环，上一个闭环的终点就是下一个闭环的起点，这样不断螺旋上升，就能帮助企业完成从1.0到2.0再到3.0版直至更高阶的跃迁。这才是创业心学闭环的最大意义。

第二章
认知力：人的一生都在为认知买单

人的一生都在为认知买单，创业尤其如此。对创业者来说，讲格局、心胸、视野，最终讲的是认知力。认知力，几乎是人与人之间的本质差别，一家企业也只能在企业家的认知空间里成长。对标世界，我们会发现——谁拥有了高水平的认知力，谁就能够脱颖而出。

从认知自我到认知世界

投资是一个认知成本极高的行业，创业亦然。在展开认知力的话题之前，我们先要明确什么是认知力。古往今来，讲认知力的人有很多，但偏重的方向大多与创业没有什么关系。**我从创业的角度给认知力下了一个定义：解决自己不知道的问题的能力。**

每一个人都会被局限在自己的认知里。最终的结果就是，客观世界只有一个，但主观世界无穷无尽。这一点并不难理解，我们对这个世界的认知，正受限于我们的认知力，我们的学识、经历和经验会形成一个隧道，我们对事物的所有认知和判断都会局限在这个隧道内，并且想当然地认定真相就是如此。

> 大多数人依靠经验而活，很多时候，一个新发现就能颠覆我们的认知。在发现澳大利亚之前，欧洲人认为世界上只有白天鹅，黑天鹅并不存在。在他们的认知中，这个存在了1000多年的“常识”，就是真理。
>
> 但是，在踏上澳大利亚看到第一只黑天鹅的那一刻，欧洲人的认知崩塌了！由此，“黑天鹅”也成了欧洲人相互交流和往来信件中的常用语，喻

指非常难以预测的、不寻常的事物。

每一个人对世界的认知都不是世界本身。没有人能绕过自身的感知形式去认识客观世界，客观世界在人的脑海中所呈现的样子必然受到其主观认知形式的塑造，这就是著名的“黑天鹅理论”。

创业是一场在未知世界里的冒险。这个世界很大、很迷人，也很魔幻。对创业者来说，只有练就“躲刀”“避炮”“防止掉坑”以及“掉坑后爬出坑”的能力，才有可能赢得未来。当然，这一切的前提是正确地认知自我和世界。

认知自我

认知自我是对自己的洞察和理解，是个体对自己存在的觉察，包括对自己的行为和心理状态的认知，通俗地讲，就是我们常说的“人贵有自知之明”，是对自我拥有准确的认知和判断。

几乎没有人会觉得自己不了解自己，但人往往很难恰如其分地评价自己的光彩和晦暗，认知自我其实是一件十分困难的事情。有些创业者如果创业成功，便会将其归功于自己的能力和远见卓识；如果创业失败，就将其归罪于运气和环境。这是十分典型的认知偏差。

阳明心学的观点是，人首先要找到本初的那个心，即正心。如果人的心不正，认知就不准确，就会出现认知偏差，造成判断失误。

这种情况表现在日常的一言一行中。比如，一直以来，我都认为朋友圈能够较为准确地反映创业者的认知力水平。如果一个人在朋友圈中表现得极为自负，一副“老子天下第一”的派头，我往往会较为谨慎地看待他。我认为，弱小和无知从来都不是生存的障碍，傲慢才是。

需要注意的是，自负与“吹牛”是两码事。在我看来，从某个角度理解，“吹牛”应该是一个褒义词，它是年轻人的标签。只有年轻人敢“吹牛”，随着年龄的增长，敢吹牛的人越来越少。原因何在？“吹牛”太简单，但买单太难。既然你要“吹牛”，就必须有为之买单的勇气和“傻劲”，还要有接地气的方法论，让你吹过的“牛”能够真正地成为现实。这样的“吹牛”，我们不妨称之为梦想。**实现梦想是一个做梦和追梦的过程，是为出发时吹下的“牛”死磕到底的过程。**

从创业层面讲，认知自我就是知道自己是什么样的人，拥有哪些可以对创业活动产生帮助的能力和资源，知道自家产品的优点和缺点、能否满足用户的需求，以及自己能创造什么、能为社会带来什么等。

我认识一名创业者，他从 2005 年开始做网络地图生意，但做着做着发现这是大公司的“菜”，他根本竞争不过它们。百度、腾讯、阿里做网络地图，可以投入 1000 人专门做研发，而且不看重短期利润，因为这些公司都是把它当作一个基础设施、一个用户流量的入口。

但是创业公司不能不重视利润，所以当别人在不盈利的情况下还能投入 1000 人且做得比你更好时，这个生意就没法做了。

后来又有一个朋友问我对地图导航项目的看法，他说有几十万名司机在用地图导航软件。我说做这个项目没有意义，因为你的产品拥有的功能，大公司的产品也一定会有，这些司机都会选择使用大公司的产品。对用户来说，大公司的产品是可以免费使用的，并且大公司会持续投入，它的数据比你的更专业、产品功能比你的更全面……所以，在这个项目上，创业公司是没戏的。

认知自我是最重要的事情，一个人只有对自己形成了正确的认识，才能对标世界，找准自己的位置。

认知世界

大家都应该听说过一句话："你以为你以为的就是你以为的吗？"这句话所讲的正是对世界的认知。在信息"爆炸"的今天，创业者认知世界的渠道极为丰富，大到国际形势，小到鸡毛蒜皮的小事，只要你有心，各种信息渠道都能为你一一呈现。但为何在对世界、市场、竞争对手的认知上，上述创业者会存在明显的偏差？答案是他们认知世界的方法有问题。

1. 不要过于相信行业报告

在获取客户需求和市场规模的信息时，绝对不能通过现成的行业报告得出结论，这种方式极为危险。首先，基于预算、时间的限制，这些研究机构通常只对市场做了少量的抽样调查，再用得到的资料去推测总体的情况。这样的报告只能告诉你一个模糊的概况，它无法作为决策基础。

2019年年中，“互联网女皇”玛丽·米克尔（Mary Meeker）发布了最新的互联网趋势报告。这份报告长达333页，阐述了当年互联网行业发生的所有重要趋势，以及这些趋势在来年将会产生的影响。这份报告的内容覆盖了很多领域，涉及美国市场互联网广告开销的增长情况、拉丁美洲数字服务的增长形势等。

令人奇怪的是，在如此翔实的报告中，竟然看不到多少关于抖音、今日头条等大热App的母公司北京字节跳动科技有限公司（以下简称“字节跳动”）的信息。而其时，字节跳动给中国乃至世界带来的影响，以及抖音、今日头条这些现象级产品给整个互联网行业带来的变化，早已不容小觑。缺失了这部分数据，这份立足于行业趋势的长达333页的行业报告，无论如何都算不上完整。

除了行业报告可能自带立场，更为重要的是，你在移动互联网上花费30分钟能找到的所有行业报告，基本上都是公开信息。在此基础上，无论如何演化，也很难形成任何竞争优势。因此，你必须做自己的市场研究，得到关键信息，由此才能做出理性的市场决策。

2. 广泛地与市场参与者交流

要想更好地认识世界，获得最翔实、最可靠、最接地气的一手信息，你还需要与大量的市场参与者交流，这是最基本的认知态度。与用户、渠道、平台、友商、供应链等市场的参与者做朋友，与他们深入交流，你才能从他们的口中获得真实的信息。此项工作的特点是样本数据足够大。说到这里，“盲人摸象”的老故事便不得不提。

四位盲人摸象，第一个人摸到了大象的身子，他说大象就像一堵墙；第二个人摸到了大象的牙，他说大象又圆又滑，长得和棍子一样；第三个人摸到了大象的腿，他觉得前两个人都不对，他认为大象长得像柱子；第四个人不小心摸到了大象的尾巴，哦，他们都不对，大象原来是和粗绳子一模一样……

每个市场观察者都会有自己的视觉偏差，因此你必须广泛地吸纳各方观点，才能逐渐得到整只大象的样貌。

3. 多问少说

当你和市场参与者成为朋友之后，你很快就会发现，重点不是与他们交流，而是提出有针对性的问题。可惜，在大多数人接受的教育中，做题能力的训练大大多于提问能力的训练，因此创业者有必要进行专门的训练。创业者应该持续地与市场参与者交流，并在过程中尽可能少地表达自己的观点，而应该有意识地锻炼自己的提问能力。

4. 提炼有效信息

市场毕竟不是一个静止的系统，你今天得到的信息，明天就很有可能过了“保鲜期”。因此，你要不断地培养自己提炼有效信息的能力，其中包括了解哪些人是最新市场信息的拥有者。等到你的付出积累到一定程度，你就会发现自己对世界、市场的认知力水平比很多人都高。

需要注意的是，世界终究是一个庞大、复杂且又不断变动的体系。因此，你将永远无法百分之百地掌握它。在你的认知力达到一定水平后，你就可以对它做出相对准确的假设，再用实际的产品去验证你的假设。

5. 及时总结和复盘

对创业者而言，复盘无疑是头等大事。创业之初，你可能没有方向，只有热情；没有战略，只有战术。你会或多或少地遭遇各种挫折，包括产品、市场或团队出现的各种问题甚至创业失败。唯有态度正确，你才有可能迎来最后的成功。大小不同的挫败是创业历程中的养分，更是市场送给创业者的礼物。越大的失败，往往能激起越大的成功。前提是，你拥有克服挫败的决心与提升认知力的勇气。

对于企业发展而言，大步前行仍需驻足思考便是总结和复盘的意义所在。我经常对别人讲："我就是吃总结这碗饭的。"越大体量的公司，越需要在前进中不时地"回头看"，从而发现细微之处的问题；而对创业公司来说，复盘更应该融入"血液"之中，从而帮助创业者适时地调整方向，使他在迷茫中逐渐看清前路，提升他的认知力。

复盘的过程绝不仅仅是记录的过程。要想真正地提升自己的认知力，下次不再犯同样的错误，你还需要通过不断的输出对此进行强化、巩固。输出的过程可能会面临各种质疑，解决这些疑问的过程，正是不断观照内心、澄澈自我的过程。

6. 与行业顶尖人物交流

在大多数情况下，人的认知力水平较低时，很难看到更高维度的世界，所以才会想当然地认为自己看到的就是世界的真相。所谓“一叶障目，不见泰山”即是如此。在我看来，要想打破这个魔咒，最好的办法就是与行业内拥有顶尖认知或最新认知的人去交流，用外力打破，全力破解。

目前，梅花创投的项目涵盖了很多领域，所以曾经有人问我这样一个问题：“是什么因素促使你决定进入一个你不太了解的行业？”我的回答是“和行业里拥有最新认知的人进行思想碰撞”。

和拥有最新认知的人进行思想碰撞，不仅能够打开我认知新世界的通道，获得更多、更新的信息，而且当感觉自己不是被“碾压”的时候，我会得到一种反馈——我的认知力基本上已经可以支撑自己和他们在同一个层次、同一个水平上去交流了。这个时候再去投资，我的态度会相对比较笃定。

就好像围棋选手，只有和棋坛中的顶级高手过过招，大家有输有赢，他才会真的觉得自己“上战场”是没有问题的。

“台上一分钟，台下十年功”，任何一个领域拥有高水平认知力的人都经历过千锤百炼。与这样的人交流，基本上只需要交流 10 分钟，大家就能知道彼此的交流是不是在同一个频道上、认知力是不是在同一个水平上。只有答案都是肯定的，我们才会对自己所做的决定更加笃定。因为，只有我们的认知力水平逐步达到与他们相同的认知力水平时，我们所做的决定才会接近事实的真相或这个领域的真相。

“世事洞明皆学问，人情练达即文章。”只有对自我和世界拥有清晰而准确的认知，创业者才有可能掌握真正的价值链条和行业发展趋势。在此基础上，你是否要走上创业之路？创“什么”业？在创业过程中，遇到问题该怎么办？面对诸如此类的问题，你的内心就会给出答案。

认知力的四大层次

每个人都生活在各自的认知世界里。**我们看到的不是世界的真相，我们听到的也不一定是全部的事实。至于能看到多少、视角有多广，则完全取决于我们的认知力和认知边界。**也正因为如此，我们才有了认知偏差、认知局限，才有了认知力自下而上的 4 个不同的层次，我将此总结为“认知力的漏斗模型”（见图 2-1）。

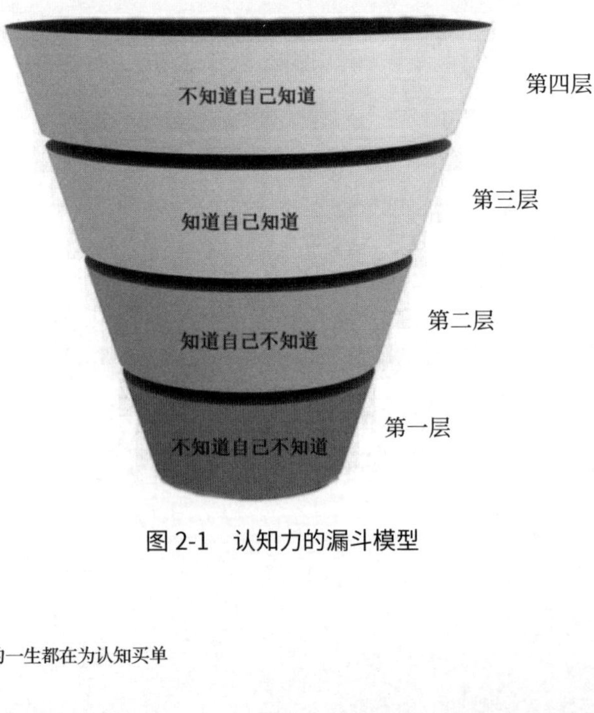

图 2-1　认知力的漏斗模型

第一层：不知道自己不知道

每个人看到的都是自己视角内的世界的一部分。对于视角外的或更高层次的认知，我们则几乎处于“无明”状态。最糟糕的是，我们还没有觉察这一点。这就是认知的第一层——不知道自己不知道。

大多数创业者都处于认知的第一层。在创业和经营管理中，有一种很严重的悲剧——“不知道自己不知道”，却仍然认为“自己已然知道”，已然了解全部的事实和真相。这个问题我曾在很多创业者的身上看到。

在与这些创业者交流的过程中，我经常听到以下3种句式。

第一句：“我们的产品或技术是当前最好的。”但是，很少有人告诉我，他们的产品是排行第二的。换句话讲，每一个都是“最好的”。然而，这不符合逻辑。

第二句：“我们的产品或技术没有竞争对手。”或者“相比其他企业，我们更有技术优势。”遗憾的是，当我们的团队在进行尽职调查时，总会发现他们的竞争对手比比皆是，他们在技术上也没有绝对优势。

第三句：“我们的产品或技术是市场上最缺乏、最需要的。”每当听到这句话，我总会追问一句：“用户为什么一定要使用或购买你的产品？你的产品有什么具体的差异化表现？”但是我得到的回应，大多是模棱两可的说法或干脆沉默不语。

我们的认知力也是从低水平向高水平发展的。当认知力水平较低时，我们不但对还没领略过的高水平的认知力一无所知，还更容易理解和接受自己的低水平认知力，并且很少怀疑它的真实性。

这些创业者或许是因为沉浸在自己的领域太久（尤其是技术导向的创业者，他们偶尔也会读一些市场报道或专业演讲的相关信息，但缺乏对市场的深入了解，也未曾和客户直接接触，聆听客户的反馈），所以他们总会想当然地认为，自己的产品必然会解决用户的问题。

心外无物、认知不足的人，必受困于自己的见识和经验。但没意识到的问题，往往才有可能是最大的问题。

第二层：知道自己不知道

在不知道自己不知道之后，认知的第二个层次就是知道自己不知道。对创业者来说，能够做到这一点尤为重要。创业需要持续精进，只有知道自己在认知上的不足，才能了解更多的不确定性，也才能看到更广阔的世界。

认知力很容易向下兼容，却很难向上兼容。所以要想到达这个层次并完成跃迁，也不容易。首先，需要一定的认知力做支撑，你必须知道得更多，了解得更多，视角才会更宽广，接触到的边界才会更大；其次，需要对外界足够敏感；最后，需要一种“空杯心态”，知道自己在认知上的不足，始终对未知领域保持敬畏和好奇。

做投资这几年，其实是我个人成长最快的一段时间，因为可以不断地与最优秀的创业者一同学习和成长。其间，我始终把自己当作初学者，在我看来，只有拥有“空杯心态”，才能真正地放下自己的小成就，这才是学习的起点。

比如，通过与创业者交流，我发现北京的五环外和我们所了解的北上广深[①]是完全不同的经济世界。比较明显的感触是，“五环外”、三四线城市的生意其实有很大的市场空间，包括拼多多、趣头条的上市，这些都为我们带来了全新的视野。

抖音、淘宝直播等，它们带来了一种全新的年轻人的消费模式，这样的场景“带货”能力，远比过去微博、网站、App等渠道的“带货”能力更强，这些都完全刷新了我的认知。

创业者既需要经验，也需要突破经验的局限性。如果创业者被自己的经验和以往的路径禁锢，就很容易被困在条条框框里。相反，在如今这种高度不确定且呈指数型变化的环境下，企业要想生存和发展，就要保持高度的敏感性和持续的输入，这样才能真正地拥抱变化，享受变化带来的红利。

一个人知道得越多，就越会觉得所知、所学有限，越会觉得自己不知道得更多。最后他会发现，已知的永远是一小部分，未知的才是海平面下看不见的冰山（见图 2-2）。所谓成长和精进，就是保持高度敏感，知道自己还不知道的部分，完成认知升级，不断地打破自己的认知边界。

---

① 分别指北京、上海、广州、深圳。

图 2-2　未知是海平面下看不见的冰山

第三层：知道自己知道

当在一个领域钻研得足够深、足够久时，你就进入了“专家”的层次，就能从更宏观的层面、更宽广的视角看待自己，笃信自己知道什么，并且知道自己的边界在哪里，自己的能力能覆盖到哪里。这就是认知的第三个层次——知道自己知道。

归根结底，认知力就是人们基于种种复杂情况，综合做出的关于自己、关于世界的判断。认知力水平越高，你的判断就越接近事实。

其实，我们投资和选择创业者的一个方向就是，看他能不能对自我、对自己正在做的事情有一个清醒的认识，以及对与此相关联的世界有一个正确的判断。

深圳市科比特航空科技有限公司（以下简称“科比特航空”）是梅花创投投资的一家主营工业级无人机的公司。当初之所以选择这家公司，其中一个很重要的原因是，其团队对自我和世界有一个清晰的判断，并且能够完成逻辑自洽。

科比特航空的创始人卢致辉原来是大疆无人机公司的创业团队成员之一。从这一点来讲，他做无人机就比别人更有机会。除此之外，虽然在无人机的赛道上，早已有大疆和其他无人机公司阵列在前，但卢致辉对公司的定位和瞄准的市场与竞争对手完全不同，他做的是应急指挥、森林防火、公安消防、城市规划等差异化市场，这是一块很大但是尚未被占领的市场。

更重要的一点是，他做的事情可以提升社会运转效率、为建设智慧城市做出贡献。他选择的方向拥有极为庞大的市场需求。同时，这也体现了阳明心学中强调的“致良知”，对社会有价值，能够经得起时间的考验。

其实，无论无人机领域还是其他领域，我们都可以这么想：我有什么，我能提供什么，市场需要什么，这个世界需要什么……然后对比、分析，完成自我与世界的观照。

第四层：不知道自己知道

如果要用一个词来总结这个层次，那就是“本能反应”。当你进入这个层次之后，所学的知识、技能等都会内化成你的本能反应，甚至不需要刻意地对事物去理性衡量、对比，你也能做出很好的选择。

这就好比练太极拳。太极拳的最高境界就是忘形。切磋时，招式瞬息万变，只有做到物我两忘、心中没有招式的束缚，才能随心所欲，应物自然，从而达到一种空明虚无的境界。所谓“知法忘形入化境，到此浑元太极成”，就是如此。

其实，达到这种层次之后，不是真的不知道自己知道，而是一种心到意到、如入化境的无意识状态。我们需要环境和机缘去刺激、激发，我们对事物的认知才能从懵懂到清晰。

当然，我们也可以选择从输入到输出。比如，我会随时把自己的想法、感悟通过文件传输助手记录在微信里，包括出去讲课、做内部分享等，这些都是理清思路的一些办法，对哲学思维、认知力的提升都具有非常重要的意义。

以上就是认知力的 4 个层次。**人类的认知力，其实就像那个巨大的漏斗。越往下，空间越小，机会越少，越容易受制于固有的下沉路线；越往上，空间越大，机会越多，越容易看到更广阔的世界。**

从不知道自己不知道到知道自己不知道，再到知道自己知道，最终到不知道自己知道，这是认知力升级的过程，也是一个人成长的过程。无论创业者还是普通人，在自我否定与肯定之间艰难前行、螺旋上升，这个过程必然伴随着阵痛。但是总有一天，你会发现它已经与外部更高维度的世界发生了强烈而迷人的共鸣。

认知思维框架的搭建

对于同一件事的认知差异，导致了人与人之间的差距。

罗辑思维联合创始人、中国软实力研究中心创始合伙人李天田（别名“脱不花”），在为个人知识管理图书《好好学习》作序时，为了强调因为认知力水平不同而导致人与人之间出现的巨大差异，曾特意引用了著名作家史铁生先生的一句话——“人与人之间的差别，大于人与猪的差别”。在她看来，任何一个人与任何一头猪之间的基因差异是恒定的、可量化的，但是，人与人之间的差异则会大到完全超乎你的想象，乃至无法预测。

对于这个观点，我深表赞同。人只有将自己的认知力从低水平提升到较高水平时，才能够打破天花板，获得进步。

那么，具体要怎么做呢？要想提升自己的认知力，除了知识、经验和技能的积累，还要从思维上有所转变，特别是要构建以下四大思维框架（见图 2-3）。对创业者而言，尤其如此。

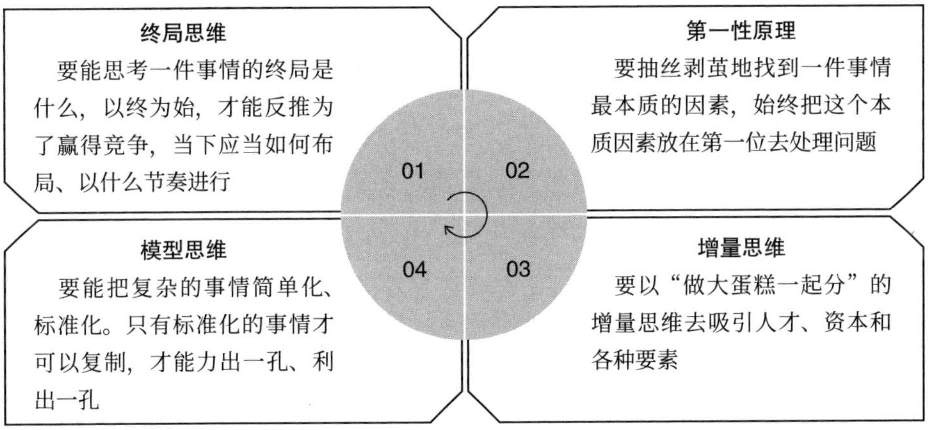

图 2-3　提高认知力需要的四大思维框架

终局思维

具体来讲，终局思维就是逆向思考，从当下推演到未来，然后站在未来看现在，其核心就是以终为始。

具体到行为，就是在做一件事或做出一个决定之前，我们要想一想，这件事 5 年、10 年后会发展成什么样子，将会带来什么结果，然后逆向推导现在的行事路径，落实今天的行为和战术。

我本人非常喜欢读与历史有关的书籍，我觉得从中获得的最大益处就是，培养一种大历史观或更宏观的视角。思考问题时，我也喜欢将时间线拉长。现在反过来看，这也是一种终局思维。

在我看来，如果你能用更长的时间线来思考，就更容易做出正确的决定。例如，我们要去买股票，怎么买？没有终局思维的人会习惯性地看当下市场行情的涨跌，会考虑明天又会有什么小道消息，这样，他就很容易被迷惑。但拥有终局思维的人会思考：大家 10 年后在消费什么产品，以及什么样的公司还会继续发展壮大。由此，他就会想到 10 年后我们可能还是会用某个社交软件，还是会喝某种酒，这样就很容易做出决定。

很多创业者很喜欢问：这个决定对不对，现在做的事有没有价值，继续做下去有没有盈利空间……要想回答这些问题，就要跳出当下的格局，关注终局，关注结果。

对创业公司而言，干成是最大的公平，要以结果和效率为导向。**结果一旦错了，一定是创业者的认知力出了问题，结果是最重要的反馈。**按照终局思维的逻辑，你会发现，很多事情在当下看合情合理，但从长远来看，却经受不住时间的考验。

如果创业者不去思考企业的终局，那么经营企业就会非常疲惫，永远在跟风，永远在找方向，永远在赶下一个机会，即便企业艰难地活过 3 年，也很难再活 3 年。相反，当一个创业者大致知道自己在做的事情未来的模样时，很多路径也就非常清晰了，他自然也就有了更强的战略驱动能力和解决长远问题的能力。毕竟，战略未必能解决当前的问题，但能解决未来的问题。

第一性原理

这几年，梅花创投取得了一点成绩。在大的投资环境并不被看好的情况下，这种成绩也就更加显得来之不易。所以很多人会问我，投资的“必杀技”是什么。

每次面对这样的问题，我只能回答：“其实我们没有所谓的‘必杀技’，相比追求‘技巧’，我们更多的是溯源、回归原点、回到常识，因为我们看重的永远是事物背后最本质的东西。”

这就是第一性原理的思维方式。这种思维方式就是要抽丝剥茧地找到一件事情最本质、第一重要的因素，并且始终把这个因素放在第一位去处理。

第一性原理是决定事物最本质的法则。对创业者来说，它最大的意义在于聚焦问题的核心，帮助创业者看到事物最本质的东西。这样一来，在遇到问题时，创业者才能最快地找到破局点。

对投资机构而言，如果只对创业者提供资金方面的帮助，就是一种耻辱。所以投资一家企业后，我们扮演的角色主要有3种，除了肩膀和桥梁，更要成为创业者的眼睛，要帮助创业者发现他们还没有发现的趋势和问题。我一直希望创业者见到我的时候，能少谈成绩，多谈问题，不要报喜不报忧。只有这样，我们才能真正地发现问题，解决问题。

全球衣橱（Farmatch）是我们的一个天使轮投资项目。在快速发展的过程中，它曾遇到一个非常严重的问题，为此团队开会商议解决办法，耗时将近 1 小时，既没有结论，也没找到解决问题的办法。最后，我进去与他们交流了 10 分钟，帮助他们打开了思路，找到了解决问题的办法。

创始人王川还为此专门在微信朋友圈发了一条动态，他说："非常棒的一天……吴总从来话不多讲，但是句句直击本质，戳中要害，10 分钟的交流足以让人豁然开朗。"

找到第一性原理，才有可能找到问题的破局点。现在，我们处在一个信息大爆炸的时代，周围充斥着各种各样、庞杂的信息。但是，如果所有信息都关注，你就不能看到深层次的原因。

在创业过程中，创业者会面对各种各样、错综复杂的具体问题。最行之有效的办法是，不受现状和思维定式的约束，忽略细枝末节，不满足于简单解释，聚焦于问题的本质，这样才能真正提升自己的认知力水平和解决问题的能力。

增量思维

很多人对梅花创投选择投资对象时的标准颇为好奇，在各种场合都有人问我："吴总，机构投资者更喜欢投资哪一类创业者？"关于这个问题，我也没有标准答案，万事皆有缘法，但我比较看重创业者身上的一些特质，其中一个就是看他是否有合作的格局，是否有"做大蛋糕一起分"的增量思维。

张泽涛是趣学车的竞争对手萌萌学车的创始人，后来由于经营不善，资金链断裂，他的公司最终破产。由于梅花创投投资了趣学车，我一直都比较关注互联网驾驶培训行业的最新情况，在得知这个消息后，我一边为萌萌学车感到惋惜，一边也担心趣学车的创始人刘老木会做出一些不理智的举动（现在看来颇有些杞人忧天）。于是，我在微信朋友圈发了一条动态："看见人家的墙倒了，如果不能扶，那么不推也是一种善良。对创业者的勇气保持最高的敬意，是我做投资谈项目时最基本的原则，无论成败，我认为他都是英雄。"

事情后来的发展让我颇感意外。刘老木不但没有"落井下石"，反倒诚心诚意地邀请张泽涛加入趣学车团队，让他担任产品合伙人。后来和刘老木说起那天的事情，他给我看了他当时和张泽涛的微信聊天记录："泽涛，看到你发出的破产公告，我很有感触，也很替你惋惜。上次见你，你给我的印象是踏实靠谱、非常勤奋的一个人，是一位非常优秀的产品型创业者。创业维艰，无所谓成败，每个人都是值得尊重的。在互联网驾校这个创业方向上，萌萌学车是我们的战友！我们为了改善驾驶培训行业，改变现状，付出了很多努力，但在这个过程中我们也都面临巨大的挑战和压力。所以我能理解你的心情，也能体会你肩上的这份责任感。"

为了向曾经的对手和战友致敬，同时也尽自己的一份心意，刘老木还向对方转账了 1 万元。钱虽不多，但英雄相惜的那种情意展露无遗。或许正是这种格局和情义，让张泽涛很快地从创业失败的阴霾中走了出来，加入趣学车和刘老木一同打磨产品。

事情并未就此画上句号，张泽涛在加入趣学车之后，觉得自己还不够优秀，于是他请来了行业内非常有名的产品经理赵攀做自己的上级。“既然你比我强，那么你就来领导我。”这种合作的格局同样令人钦佩。

优秀的创业者一定是有合作格局的人，他不仅能通过各种渠道认识和挖掘行业里的顶尖人物，通过个人魅力、公司机制吸引这些顶尖人物加入团队，还能创造让顶尖人物发挥最大价值的舞台。

蜜芽是中国最大的跨境母婴电商，我和徐小平一起投资了它的天使轮。截至 2019 年 8 月，蜜芽总共融资了 6 轮，融资金额超过 20 亿元，估值已经超过 11 亿美元。创始人刘楠对认知力拥有自己的见解，在与我交流时，她说：“人最难的就是突破自己。之前我的心胸比较狭隘，认为‘我的是我的，最好你的也是我的’，这样是不对的。在突破认知边界时，你只有抱着‘我的是大家的，你的也是大家的’这样的心态，才能把人与人之间的合作变成一种赋能式合作，才会有更多的人帮助你突破你的认知边界。”

为了不断地突破认知边界，刘楠将很大一部分精力都放在了团队组建上，她差不多把乐淘、京东、好乐买等公司原来在跨境电商业务方面的牛人都挖了一遍。我至今还记得她说过的一件事：为了说服一个心仪的候选人，她在和对方聊了 4 小时的长途电话之后，当天便坐飞机赶到对方在上海的办公室，与其面谈并最终将其招入自己的团队。

因为服务于母婴人群，蜜芽的高管团队不可避免地以女性居多，70% 的总监都是女性。在刘楠看来，“她们都是那种心力很强大的人，一旦认定了心中的理念，就能迸发出无限的能量，我为我的女高管们骄傲”。

对创业者来说，与谁同行远比目的地更重要。**你只有拥有一群愿意与你同行的小伙伴，才有机会获得在黑暗中前进的勇气**；也只有懂得与他人分享创业蛋糕，才能有更多的人愿意与你同行，这块蛋糕才会越做越大。

模型思维

创业的过程有点像闯关，并且每一关遇到的情形都不太一样。比如，刚开始最重要的是过产品关，要试错、要快速迭代；接下来要过数据关，考验你的运营能力；接下来，要过营收关，产品要变现；再接下来要过“巨头”关，因为“巨头”可能会来打压你，与你一起抢夺市场份额，等等。

企业在发展的每一个阶段遇到的困难都不一样，经营重点也都会发生相应的变化。企业也会遇到一些贯穿始终的困难，比如团队建设。所以，我认为创业者必须具有模型思维，在创业过程中，针对不同的困难提供不同的解决方案。

比如，创业团队的股权结构一定要合理设置；合伙人之间要相对互补；在产品宣传方面，也有一些方法可以操作，如百度百科、百度知道、应用商店优化（App Store Optimization，ASO），这些你都应该学会怎么去做；公众号和微博，从你创业的第一天就应该有，因为你离不开“粉丝”的支持；除此之外，你还要知道如何扩充新的流量渠道，如在短视频平台上设立账号进行宣传等。

我见过很多创业公司，要么强在技术方面，要么强在营销方面，但是企业之间的竞争，是综合实力的比拼，如果企业只有一块长板，其他短板太多，也就没有办法走得更远。

大道至简，最好的东西一定是最简单的。企业要想从 0 到 1 甚至从 1 到 N，完成跨越，就需要创业者具有模型思维。包括做其他事情，创业者也一定要快速地拿出一个最简单的解决方案。这样才能力出一孔，利出一孔。

对创业者和企业来说，如何经营、管理，招式固然重要，但内在的思维模式更重要。对创业者来说，只有搭建起模型思维的框架，才有可能突破现实的困境。或许这才是一切的出口。

人际关系网的搭建

前文说过，认知力就是解决自己不知道的问题的能力。那么，如何才能知道自己不知道呢？方法多种多样，我想和大家强调的是，你可以多与认知力水平比你高的人接触，和那些处于各行业的顶尖人物打交道，珍惜每一次与他们沟通对话的机会。

在与这些顶尖人物交流和沟通的过程中，你会了解到一些新的机会和趋势，从而彻底打破你的认知边界，拥抱创业的无限可能。这与打壁球的道理是一样的，你只有与比你心力强大、认知力水平比你高的人进行思维碰撞，球撞上去，反弹回来，才能发现自己的不足，才知道要从何处提高和突破。

2005 年，陈华（后来创办了唱吧）推心置腹地告诉我，我们应当投身于 PC 互联网。于是，我们在 2006 年一起创建了酷讯网。

到了 2009 年，我和美丽说创始人徐易容一起滑雪。他望着脚下白雪皑皑的滑雪场，向我感叹移动互联网的机会将如这白雪一般铺满整个世界。恰好，那时玩蟹科技的创始人叶凯找到我，希望我能在资金上帮他们一把。叶凯曾是酷讯网的工程师，我对他十分了解，也相信他是一个能在移动互联网领域成就一番事业的人，我便以个人身份向他们投资 40 万元。

很快，玩蟹科技研发的游戏上线了，这款游戏在业界引起了很大的反响，好评如潮。4 年后，玩蟹科技被掌趣科技收购，这笔投资让我获利约 6 亿元，投资回报约为 1500 倍。更重要的是，这让我坚定了涉足天使投资领域的信心。

“春江水暖鸭先知”，关于某个行业的趋势和机会，这些久居行业一线的顶尖人物往往能够比常人先感知到，他们可以从一些微小的细节中做出较为精准的方向性判断，并将那些无益于思考的噪声一一过滤。我一直认为自己是个后知后觉的人，无法做到见微知著，但我可以和在某个具体行业认知力水平比我高的人交流，聆听他们对行业趋势的判断，这种人际关系对梅花创投的成长助益极大。

那么，创业者如何才能搭建属于自己的人际关系网呢？我认为至少要做到以下 3 点。

学会欣赏

要想拥有良好的人际关系，首先就要学会欣赏他人，承认这个世界上的很多人都比你优秀，至少在某一方面如此。只有这样，你才能找到这些人，与他们交流，以师待之。如果不是以欣赏的角度建立人际关系，就不太可能拥有一个强大的人际关系网。

当然，这种欣赏绝不是盲目崇拜。每个人都有自己的认知边界，他可能在某个领域和行业确实比你优秀，但这并不意味着他对每个领域的认知和洞察都是正确的，我们既要学会取其精华，也要学会去其糟粕。

需要提醒大家的是，我说的行业顶尖人物，并不是指那些所谓的“专家”。特别是在诸如互联网领域，如果你碰见了那种整天夸夸其谈、总是以行业专家自诩的人，不要盲目地相信他们的观点。这些人普遍拥有一个特征：号称观察行业十几年甚至几十年，却从未做出过正确的预测，也未能对行业的进步起到任何推动作用。对创业者而言，听信这种“专家”的话没有任何意义，经常与他们沟通，反而容易让创业走向败局。

让别人觉得你是一个靠谱的人

人际关系的建立基于彼此的信任，你只有不断地被认可，让别人觉得你的人品可靠、判断和思想都是有价值的，才有可能编织出牢不可破的人际关系网。

在创办酷讯网时，我经常和员工们进行交流、分享，输出我对创业的一些观点与看法。这种输出会让人觉得我拥有高水平的认知力和准确的判断力。这也是叶凯后来寻求融资时直接来找我的原因。除了叶凯，几乎所有从酷讯网出来、后来走上创业道路的人，需要天使投资时想到的第一个人都会是我。这并不是因为我创办了梅花创投，而是因为我对外传达的信息是愿意帮助创业者。

“帮助聪明的年轻人成为伟大的企业家”，这是梅花创投的广告语，我也对此身体力行，一以贯之。

“梅花帮”是由梅花创投的被投资企业家组成的一个大家庭，是一个300多人的社群。大家在平日里都是以兄弟相称，彼此之间经常交流。“梅花帮”是一个非常活跃的社群，作为“帮主”，我的工作就是帮助大家营造一种信任和互助的氛围，让每一个人都贡献自己的力量、帮助别人，通过这种方式把大家凝聚在一起。

“梅花帮”的兄弟们去上海、深圳、广州或其他地方，可能彼此互不相识，但一旦知道对方也是“梅花帮”的，便会产生一种莫名的亲近感。“梅花帮”最让人觉得温暖的地方，就在于“胜则举杯相庆，败则拼死相救”的互助文化。一旦帮里有兄弟遇到了困难，帮里的其他人都会想办法拉他一把；要是有兄弟传来特别好的消息，大家也都会为他呐喊助威。

我始终认为，梅花创投要成为创业者的“肩膀”。言外之意便是，梅花创投是他们始终不变的依靠。

由于最初产品的形态和定位出现错误，玩蟹科技团队曾两次面临资金链断裂、濒临破产的危机。在关键时刻，我又两次出资，帮助他们度过了创业中的至暗时刻，同时我也和叶凯结下了深厚的友谊，成了一辈子的兄弟。2017年，叶凯再度创业，创立了Topjoy（北京攸乐），梅花创投再次成为他的早期投资人。

其实很多事情都是别人在推着你往前走，要想花花轿子人人抬，首先就要让别人觉得你办事靠谱，有能力帮助他们成功，彼此成就。当玩蟹科技被收购之后，有很多人找到我，愿意给我投资，想共同成立一个基金，即便当时的我没有任何投资行业的背景，也不是金融专业出身。

学会让利

仅仅让人觉得你可信、办事靠谱还不够，为了搭建持久的人际关系网，你还需要学会让利。“能拿八分就拿六分”，说的正是这个道理。唯有如此，你才会为自己赢得好声誉，吸引更多的人与你合作。如果能拿七分，你偏要拿八分，甚至过河拆桥要拿九分，那么谁还会与你合作？无论与人合作什么事情，如果你只想着计算自己的收益，合作注定无法长久。

很多时候，你需要把利益、名誉等与他人分享，这些东西并不是说与他人分享了，你自己的就少了，而是只有愿意“舍”，你才会得到更多。例如，你用个人品牌给靠谱的人背书，在背书结束之后，你的个人品牌并不一定会因此受损，反倒是你越愿意为其他人背书，你的个人品牌就越有价值。

在投资圈中，我有一个外号——“自动公关人”（Automatic PR Person，APP），意思是说我经常在各种场合，主动、自发地为所投企业做宣传。

记得有一次在上海，我演讲的主题是“中国移动[①]出海后应该如何操作”，结果我上台讲了半小时，只有前5分钟讲的是中国移动业务出海的机会

① 此处指移动业务，不是指中国移动公司。——编者注

和未来，剩下的时间便开始向与会者介绍梅花创投投资的一些项目，如花点时间和福佑卡车。

演讲结束之后，有投资人笑着对我说："世春，你前半段讲得还是蛮好的，但后半段好像有点跑题了。"被他这么一说，我确实有些不好意思，毕竟主办方请我来是讲中国移动业务出海的，但这个题目太大，通过一两次讲座未必能讲得透彻。这次难得有这个机会，下面坐着几百位投资人，我肯定要给这些创业者做些背书，站站台。

人际关系网的搭建是一个循序渐进的过程。在你为别人做了很多事情之后，你自然便能够建立自己的人际关系网。当你的能力足够强、人际关系网也足够大的时候，不是你推着事情走，反而是事情推着你往前走。刚开始时，可能就像是在骑自行车，每一次前进，都需要你拼尽全力往前蹬。慢慢地，在别人的助力下，你就可以驾驶摩托车，此时你只需要控制好方向、踩下油门便能一往无前。这便是足以改变每一位创业者命运的人际关系法则。

第三章
心力：创业即格物，只在心上做

每位创业者都有自己要过的难关和要走的路，在那些心力强大的创业者身上，总有我们可以学习借鉴的地方。比如，有火山爆发般的激情、无坚不摧的信心和势不可当的勇气！

创业即格物，只在心上做。如果说认知力决定了你能看到一个什么样的世界，那么心力决定了你能否进入那个世界。

心力是创业者最核心的竞争力

所谓心学，就是内心之学、人心之学。一个人创业，能做到何种程度靠的是什么？在做了 10 年投资、见过上千位创业者之后，我的想法是靠心力。

创业即格物，只在心上做。对创业者来说，你必须拥有足够高水平的认知力，才能保证底层思维系统不出漏洞。与此同时，你还必须确保自己的心力足够强大，这样才能保证整个系统持续地高速运行。最终，**认知力决定了你能看到一个什么样的世界，心力决定了你能否进入那个世界。**

说到心力，就不得不再一次提到福佑卡车的单丹丹。我是福佑卡车最早的天使投资人，当初之所以会选择福佑卡车，是因为我看到了单丹丹那种“即便拼命也要改变世界”的强大心力。

单丹丹是一位连续创业者，但她给自己的定位是“一位连续不太成功的创业者”。从大学毕业成为南京机场库管员，到在南京创办福佑卡车，单丹丹走了 20 年。她对自己的评价是“折腾”和“决绝”，这些个性与性别无关，与心力有关。

从南京机场辞职时，有人建议单丹丹保留原来的工作，抽出一部分精力管理公司，而她的回应是："那样的话，我的员工怎么看我？这生意做不好，老总还有一条退路，跟着这样的人干活能拼命吗？"

有句话总被单丹丹挂在嘴边，我听到过不止一次："一个没有拼搏精神的老总，带不出一个具有拼搏精神的团队。"在福佑卡车的团队中，有为了给公司节约成本，用自己的假期坐火车出差的员工；有为了参加公司的重要会议而错过女儿出生的爸爸；还有远赴异地开展业务但毫无怨言的高管。

2015 年，福佑卡车获得阿里巴巴集团"十八罗汉"之一的吴泳铭的 300 万美元投资，此时的单丹丹产生了公司搬家的想法。在她看来，北京的创业氛围浓厚，优秀的人才和专业的投资人非常多，而福佑卡车在南京发展总感觉慢半拍，不如将公司搬到北京。她打电话征询我的意见，对我说："如果不去北京，肯定会死；去了北京，一半生、一半死。"我十分赞同并支持她的决定。

最终，只有 4 名员工跟着单丹丹去了北京。其中，1 名客服人员的老婆刚怀孕；3 名技术人员中，一个刚生完小孩，一个刚结婚，一个单身。

后来在聊天时，单丹丹告诉我，当时有位合伙人劝她："互联网行业凶险，300 万美元说花光就花光了；留 100 万美元在南京，万一失败了还可以东山再起。"但单丹丹坚决不同意："不可能，我要打到'弹尽粮绝'才会回来。"

在单丹丹找我融资时，物流这条赛道已经足够拥挤，并且福佑卡车的竞争对手实力雄厚，其创始人不但拥有专业的行业背景，而且刚刚获得数千万美元的融资，可谓兵多将广、粮足马肥。相比之下，单丹丹处于明显的劣势地位，从理论上讲，这个项目成功的概率不大于 5%。

在选择投资对象时，很多投资人会参考创业团队是否阵容豪华或他们之前的融资多不多等指标。不能说这样的投资评判标准不对，只能说彼此的关注点不同。“后进者”单丹丹当时的情况，让很多投资人望而却步。

企业的发展路径不是连续性曲线，而是非连续性的跳跃型曲线。很多项目在起步之初不具备任何优势，最后反而做得很好，创业者依靠强大的心力，硬生生地将原本只有 5% 的创业成功率，最终变成 90%，单丹丹就是这样的人。在她看似柔弱的外表下，藏着足以改变一切的决心，拥有为了创业不管不顾、不留余地的强大心力。而拥有这种心力的人，总能后发先至。

这也是梅花创投的一个基本逻辑：**早期投资必须穿透表层数据去看创始人的本质**。就我个人而言，我更偏向于选择那些拥有“PSD”[①]特质的人或被称为“小镇青年”的人，他们来自小县城或农村，出生于普通家庭，没有显赫的学历和背景。但是，他们普遍拥有努力向上的欲望、孤注一掷的果敢和自我颠覆的勇气。

在我看来，小镇青年的欲望与野心正是经济发展的长期动力之一，他们身上普遍具有强烈的、想要改变命运的拼搏精神。

---

① 贫穷（poor）、聪明（smart）和欲望（desire）。

举两个大家不太陌生的小镇青年的例子，或许能让你对他们创业时的心力有更深入的理解。

有这样一群平凡的小镇青年，既没有太多的创业资金，也不怎么懂互联网，但他们看到在一个与车相关的行业里，无论B端客户还是C端客户，都存在很多未满足的需求，他们便开始思考："我们能不能通过努力改变这个行业？"

为此，他们创立了一家"伪互联网企业"。由于没有自己的技术团队，所有技术全靠外包，直到第七个月他们才拥有了自己的第一个程序员。最初在市场上融资时，能够听懂他们路演的投资人很少，绝大多数都不知道他们打算做什么，也因此引发了各种误解和嘲笑。他们拓展市场的方式就是发传单、贴海报，用脚步丈量商业大地，向每一位用户耐心讲解。这个过程不仅令人疲累，还存在巨大的风险。他们不止一次地被人驱赶，但他们从未动摇过创业的决心。

由于创业之初资金短缺，每个人都领着非常低的工资，但每个人都在坚持，他们相信只要不放弃，就一定会取得一些成绩。虽然企业长期在生死线上徘徊，但它活了下来。时至今日，他们对这个行业做出了一点小小的改变，也赢得了大家的尊重和认可，这家公司就是滴滴出行。

还有一群年轻的工科生，他们的英文水平并不高，到二三十岁都还没有走出国门，但他们发现中国的互联网创业市场竞争极为激烈，而海外的互联网市场水多鱼肥，充满希望。于是，他们鼓起勇气，操着半生不熟的英语进军海外市场。

陌生的市场环境、巨大的语言障碍，他们遇到的困难可想而知，但没有一个人知难而退。通过三四年的努力，他们在全球拥有了数亿名用户，每天不断地向外传递来自中国的善意和美好。2015 年，这家公司在美国纳斯达克敲钟上市，它的名字是猎豹移动。

很多人说，创业者的信心来自个人具备的条件及外界的认可。在我看来，天时、地利、人和三者齐全永远只是理想状态，99% 的创业者在创业之初都极为艰难。没有信心怎么办？创业者必须有决心，有强烈的愿望想要成功，想要解决某个行业内的问题，想要为这个社会做点事情……

梦想和“野心”是一个人最核心的竞争力。一个心怀梦想的人，会极其自律、昼度夜思、殚精竭虑、不知疲倦，因为他不是想赢，而是必须赢。这些也是很多优秀的小镇青年身上的特质。

纵观梅花创投那些较为成功的投资案例，无论大掌门的叶凯、趣店的罗敏，还是赤子城的刘春河，无一例外，他们的骨子里都流淌着小镇青年的血液。虽然他们都受过较为完整的教育，但绝非精英教育，也没有留过学。罗敏上的是江西师范大学，福佑卡车的单丹丹毕业于南京航空航天大学，但她的创业方向向下深扎至物流行业，非常接地气，这就是梅花创投选择投资对象时非常看重的一点。

相反，在面对那种家世很好、自带雄厚背景的创业者时，我们通常都较为谨慎。这样的人面临的选择太多，退路也太多，即便这件事没干成，也有其他回报丰厚的事情可以做。在他们身上，我们很难看到那种破釜沉舟、背水一战的勇气，换言之，他们的心力不够强大。

当然，任何结论都有前提，我的这种观点也只是相对而言，绝不意味着不是小镇青年的精英们就没有创业成功的可能性。只是说这种强大的心力在小镇青年的身上表现得更明显一些。

我始终坚信阳明心学的一个观点——心即是理，力由心生。一家企业的价值，90% 以上在团队身上，而一个团队的价值，80% 以上在创始人身上。创始人是企业的灵魂，商业模式、用户数据、财务数据等都可以被计算得出，唯一不能被计算的，就是创始人的内心。

拥有强大心力的创业者，就像这个时代的探险家，只要认定前行的方向，他们从不会感到沮丧、从不后悔当初的决定、从不因此而放弃希望！**赛道或许是有限的，但总有人依靠内心的力量，为自己、为行业，同时也为整个世界勾勒出一座“珠穆朗玛峰”。**

摒除一切杂念，保持专注

自律是人生最重要的优点之一。对创业者来说，这种自律不仅指要时刻保持创业的激情与努力，承担社会责任与坚守商业道义，还指能做好情绪管理，摒除一切杂念。

对创业者来说，心力不仅是为了梦想殊死拼搏的钢铁意志，还是一种无我的哲学精髓，其意义就在于舍弃能操控自我情绪的因素，不被其扰乱，保持专注。这便是阳明心学倡导的“我心不动”。

王阳明21岁时在浙江乡试中举，22岁考进士不中，25岁再考又落第。别人落榜，捶胸顿足，寻死觅活；王阳明两次落榜，面对父辈和亲朋好友的安慰，他却非常平静地说了一句话：“别人都以落第为耻，我却以因落第而‘动心’为耻。”

除了在哲学方面的成就，王阳明也被称为“大明军神”，半生戎马，未尝败绩。在落第多年之后，有人仰慕王阳明用兵之神，问他有什么技巧。

王阳明回答：“哪有什么技巧，只是努力做学问，养的是‘此心不动’。如果你非要说有技巧，那‘此心不动’就是唯一的技巧。大家的智慧相差无几，胜负就在于此心的动与不动。”

无论用兵还是做学问，阳明先生为什么总能远胜他人？原因就是他的心里像明镜一样没有杂念，不乱于心，不困于情，所以他才能应对自如，基于客观现实运筹帷幄，纵横捭阖。

这就是心力的意义。什么叫大将风范？就是在打仗的时候，你要保证智能系统的稳定性。**强大的心力能够保证你在极端的情况下，认知力和能力正常运转、不断精进。**

强大的心力除了表现为明知现实残酷依然勇往直前、为了梦想殚精竭虑，还有一个明显的表现是“静气”，即遇到大事不慌乱，随时能够排除“噪声”带来的干扰。

在棋牌类比赛或竞技体育中，业余选手只要错失一个赛点，接下来基本上没有翻盘的可能。专业选手则是失误一盘，马上就能调整好自己的心态和情绪，专注于比赛，保证拿下下一个赛点，这其实体现的正是心力强弱的差别。特别是在极度考验心理承受能力的情况下，专业与非专业，高手和小白，高下立判。

破山中贼易，破心中贼难。自我控制永远是做正确选择的一部分。创业尤其如此。这是一条少有人走的路，不管你承认与否，创业者的高光时刻都极为短暂，可能只是几个短暂的瞬间，剩下的时刻都要面对极端的情况，举步维艰。

创业为什么难？创业的难就在于，它的整个过程就像一个多米诺骨牌，哪怕你做对了100件事，但一个决策错了，就会影响下一步的发展。倾尽洪荒之力打造的梦想、上千人的公司、几万人的生计，随时可能因为一个错误的决定而前功尽弃。

情况是极端的，压力是巨大的。在这种重压之下，人就很容易受到情绪和外界的影响，产生各种各样的杂念。但**对创业者来说，负面情绪和杂念永远都是绊脚石，一旦你带着它们去看待问题、处理问题，你就很容易掉进认知陷阱里**。这就更加考验创业者的心力水平。

我在创业心学实验室2期上课时，有位学员问我一个问题："老师，自从创业之后，我每天都很焦虑，创业者应该如何化解创业过程中的焦虑呢？"

焦虑是在创业者身上最常见的一种情绪状态，夸张一点讲，很多人都很焦虑。那些真正活得无忧无虑的人，要么是小孩，要么是拥有佛系心态的人，这样的人通常也不会创业。

所以，创业者感到焦虑很正常，化解焦虑、正确对待焦虑很重要。怎么办？我的答案是专注地做事。慢慢地，你会发现，人一旦开始行动，困惑就会变少，焦虑就会缓解。

我在各种场合多次强调，心力即人生，心力越强大，人生越从容。专注正是认知到位、心力强大的表现之一。专注的人不关注外界有什么质疑的声音，也不在意竞争对手在做什么，他们的心中没有任何杂念，只是专注于自己正在做的事情。

所以，对创业者来说，必须要做的就是增强心力和提升抗干扰的能力。只有这样，创业者才能在外界的嘈杂声中摒除杂念，更专注于做事。

当然，专注不仅是指专注于做事，还有一个更高维度的含义，那就是专注于自己做的事情。

> 每当大的浪潮、风口来临的时候，很多人都会跃跃欲试。但从结果来看，每次都有很多人被卷入浪潮，遭遇灭顶之灾。所以，我给那些本来自己有项目、有事情可做的创业者的建议是，与其犹豫、徘徊、试探，试图盲目追潮或抢占风口，不如做好自己的事情。
>
> 我身边有很多机会，有段时间，我觉得房子、股票值得投资，但中间刚涨一点的时候我就卖掉了。现在回头一看，自己挣到的都是自己认知到位的那一部分钱。

很多钱，别人能够赚到，自己未必就能赚到。所以，我们一定要分清楚哪些是自己能够把握的，哪些绝对不是自己的机会；然后保持专注，做好自己手头的事情，下一步的成功自然就会水到渠成。有时，成功只需要把握住一两次机会就够了。

对创业公司而言，有时专注才是最重要的资源。原因有三：第一，在熟悉的领域而不是在能力范围之外折腾，最容易出成果；第二，团队的执行力不会被稀释，攥紧拳头打人总比摊开五指会更有力一些；第三，创业公司资源有限，专注在一点上，更容易让资源发挥最大的效用，不会被浪费。

当然，这方面也有很多反面的案例，我自己也是其中之一。

2006 年，我和陈华、张海军等人联合创办了酷讯网。开局不错，这个项目被很多投资人看好，200 万美元的投资款闻风而来。到了 2007 年年初，另一笔 1000 万美元的投资款接踵而至。在短短 1 年的时间内，酷讯网的搜索业务线就从最初的火车票搜索，延伸到餐饮、房产、招聘、购物、汽车等十几个领域，随之公司规模也扩大到 200 多人。

然而，看似包罗万象的生活搜索，却始终缺少一个有效的突破口。投资款很快就花光了，我和陈华也不得不离开我们一手创办的酷讯网。

后来，我曾多次对这段不算成功的创业经历进行复盘。失败的原因或许有很多，但致命的原因就在于我们在方向上不够专注，在生活搜索领域全线作战，结果没有一个能够脱颖而出并形成拳头产品。

克己才是真功夫。能克己，方能成己。相比外界的诸多诱惑，此心不动，专注在最该做的事情上，才是对创业者最大的考验。那些创业成功的人，往往是受杂念和情绪干扰最少的人。相比在恐惧、焦虑、后悔、烦躁等负面情绪上消耗自己的心智，他们更容易进行纯粹的认知活动，把注意力和精力放在解决问题上。

创业如此，投资亦如此。梅花创投有一个原则，但凡能够为梅花创投加分的事情，我们都会去做，减分项则尽可能不做。这句话说起来很容易，要做到则是一件十分困难的事情，中间存在太多的诱惑。我曾亲眼看到业内的很多投资机构，做着做着便去赚当财务顾问（financial advisor，FA）的钱，或者干脆投身于 P2P 或区块链，而梅花创投一直坚持做投资。我始终相信一件事情：如果你的投资风格飘忽不定，别人对你的认知也会随时调整，这显然不是梅花创投希望看到的事情。

当然，专注绝不意味着一条道走到黑、“明知山有虎，偏向虎山行”。在没有把握的情况下，没必要非向虎山行，这便是我们下一节的话题。

换个方向，推倒重来

我们在上一节中刚谈了创业者要保持专注，也说过心力强大的表现之一便是明知现实残酷却依然勇往直前，那么现在我们又谈“换个方向，推倒重来”，是不是自相矛盾？

曾有很多创业者问我这样的问题：“专注坚持与通权达变，到底应该如何平衡？假如选择了一个方向，应该初心不变、坚持到底，还是顺应市场和行业的变化及时调整？”

对于这些问题，我并没有统一的答案。对不同的创业者，我会做出不同的判断。每家企业的情况都不一样，创业者必须根据自己的实际情况加以选择。或许在某个时刻，你应该坚持初心，而在另一个时刻就应该换个方向，将一切推倒重来。

专注的前提是，你必须找到适合自己的赛道，然后才是“全部押进”（all in），将一切义无反顾地砸进去，期待“大力出奇迹”。

我之所以将这两节内容放在一起，也是希望说明一点：**创业无定式，无**

论什么样的方法论，如果不结合现实情况，危险系数就会很高。在充满不确定性的移动互联网时代，所有行业都有可能被重新定义，你必须把能力、认知力和心力与所有的变化融合在一起。

> 王阳明先生是一代心学大家，但或许很少有人知道，他最初也是理学的忠实拥护者。直到有一天，他和朋友一起对着竹子“格”了七天七夜，非但没“格”出“理”的真谛，还生了一场大病，他这才开始反思“格物致知”这种方法是否真的能让人领悟到“理”，进而开始思考理学的合理性，然后才有了龙场悟道，阳明心学由此而生。

在人性的弱点中，有一条是厌恶改变。我们总是倾向于仰仗既有的经验和发展路径，下意识地抵抗那些令自己不适的事情。因此，脑海里一旦出现某种结论，很多人便会放弃理性思考，锚定这种结论，从而忽视了其他的可能性。

对创业者而言，最可怕的事情就是在错误的路上“一条道走到黑”。创业的赛道有很多，商业模式五花八门，只要选对方向、用对方法，很容易产生四两拨千斤的效果，极大地提高创业成功的概率。相反，如果方向不对，那么做得越多，专注得越久，离理想中的终点就越远。

此时，心力的最大化体现不是“明知是错，我心无悔”，而是看你是否拥有敢于否定自己的胸怀、断臂自救的快速反应和推倒重来的魄力。具体而言，创业者需要做到以下 4 点。

认知升级，反经验而行

很多时候，你的认知也会成为禁锢你的最大力量，特别是在已经取得一些成就时或在自己比较熟知的领域内，更容易踏入能力和经验的陷阱。**经验主义是前行的大忌，创业者需要突破自我，反经验而行。**我曾在微信朋友圈写了下面这段话。

> 很多人在过去十几年挣的钱，在2018年凭借自己的“努力”和“实力”亏光了。他的经验是，当股价下跌的时候，比如从100亿元亏到30亿元，他认为股价有可能触底反弹，必须赶紧借钱买进，结果从30亿元亏到了15亿元。

对很多创业者来说，固有的认知一旦形成，就很容易形成一种路径依赖，进而习惯于让企业走在已经熟悉的路上，沿着一成不变的方向前进。这种心智模式一旦形成，创业者的思维便会被限定在这个框架中，这个框架就像是一个监狱，你不但很难“越狱”，甚至连“越狱”的念头都没有。

当已有的方向和赛道出现问题时，认知力和心力决定了你能否快速迭代。从这个角度思考，对创业者来说，最重要的并不是制订执行计划，而是制订认知计划。在新的认知体系中，创业者需要始终保持开放的心态并依靠心力克服种种惯性，反经验而行，切不可被传统的商业模型、过往的成就和经验，以及一开始定义的创业方向所禁锢。

放弃沉没成本

我投资过一家企业，在项目做了半年之后，企业创始人就一脸愁容地找到我，对我说：“我们现在每个月都要支出 100 多万元，却始终看不到什么效果，原来的模式恐怕做不下去了。有朋友建议我，不如把项目卖给大公司，您看我应该怎么办？”说完，他把对方的收购条件一并告诉了我。

我思考了一下，郑重地告诉他：“这种做法恐怕不太合适。第一，就这样被收购了，多少有点亏；第二，在收购条件中，有一条是要求你和对方绑定 3 年继续做这个模式都不通的事情，我认为这就是在浪费时间和资源。相比那些沉没成本，这才是最可怕的事情。我给你 12 字的建议——‘断臂自救，换个方向，推倒重来’。”

我告诉他的其实就是梅花创投始终坚持的投资逻辑：只要企业创始人和创业团队足够好，哪怕在赛道和发展方向上存在一些问题，我们也愿意帮助他们进行调整。当然，前提是他们愿意断臂自救。

断臂自救，必然会痛。特别是在创业这件事上，涉及前期资金、人力、时间等巨大的沉没成本，推倒重来不仅考验创业者的判断能力，也考验他们的格局、魄力、认知力和心力。我见过很多创业者一个项目做了几年，前无破局之门，后无资源续命，但他们宁愿就这么不上不下地耗着，也不愿下定决心将资源重新洗牌、进行整合。

一旦你执着于沉没成本，就可能错失机会成本。如果没有壮士断腕的决心，就有可能不但需要追加新的沉没成本、使损失变得更大，还会占用资源、错失新的机会。最重要的是，这种干耗会严重影响创业者的判断力和决心，让其对自己产生怀疑，以至错招频出。虽然我也能理解他们投入得越多越难放弃的心情，但还是想奉劝一句：**有时候快速退出、快速失败，也是在创造价值。**

寻找新的破局点和机会

客观地说，在今天的商业环境下，想找到一个新的破局点十分困难。往前推 10 年或 20 年，中国的互联网世界一片空白，到处都是机会，只要你投身这个行业，足够努力地深耕，再加上点运气，就有可能创立一家公司，并将其做大做强。

时至今日，经过 20 年的发展，风早就停了，互联网已经变成一个“传统”行业。放眼望去，到处都是创业大军，到处都是红海竞争。机会当然有，但比以前难找得多。即便如此，这件事你又非做不可，那么只有找到新的破局点，你才有可能重新站起来。

听云也是我们投资的一个项目，现在发展得非常不错，已经成为国内首屈一指的从事应用性能管理和用户体验优化的第三方检测服务提供商。它的成功正是“寻找新的破局点和机会”的体现。

我的投资逻辑里有一条，就是当大家都在疯狂地投资矿业的时候，你可以去投资卖水的。创业也是一样，当别人都去挖矿的时候，你卖水行不行？听云走的正是这个路径。

以这几年微信小程序的应用性能管理和优化为例。这几年，微信小程序彻底爆发。据统计，仅是2018年，就有超过150万名开发人员加入小程序的开发中，上线的小程序超过100万个，每日人均打开小程序4次，2亿的小程序活跃用户人均打开小程序20个……

这些数据说明了小程序迎来了风口期。对企业来说，小程序的出现也为它们与用户之间搭建了一条更为便捷的沟通和连接渠道，降低了获取用户的成本，甚至衍生出一种全新的行业生态。所以，很多上线了小程序的企业也借着这个风口实现了跨越式发展，无论用户数还是成交额都有了质的突破。相对于App，上线小程序也节省了企业的开发成本。

虽然上线小程序好处多多，但是小程序本身也有一定的局限性。比如，它的反馈不如App及时，页面卡顿、反应不够灵敏、用户体验很差等。一些用户体验过小程序后，可能就放弃使用了。

听云正是抓住了这个机会和需求，推出了一系列针对小程序性能监控、管理和优化的方案，专注于企业应用性能管理的服务与提升，实时监控，发现问题，指导快速定位问题所在，最终解决问题。

沿着旧地图，肯定找不到新大陆。创业者的脑海里必须有一张清晰的商业地图，明白哪里刚兴起却无人察觉，哪里已经是过度竞争；移动互联网与哪个行业，通过哪种形式加以结合还有机会；一二线城市还有哪些痛点没有解决，五六线小镇还有哪些潜在需求未被满足，等等。

接下来，创业者需要做的事情，便是在这张地图的指引下，完善和重建自己的认知体系，找到新的破局点和机会，去更大的空间里创造新的价值。

学到的经验延续使用

一个人喜欢的东西往往也能反映他的格局和思维方式。我始终相信，虽然我们永远存在犯错的可能，但犯错之后吸取的教训不仅可以避免同样的问题再次出现，而且学到的经验也可以延续使用，这些都会让我们变得更加强大。

> 现在整个商业环境变化得很快，也出现了很多连续创业者。从整个大环境来看，大家对连续创业者的接受度比以前高很多，一是因为整个社会对失败的包容度更高了；二是因为连续创业有其自身的优势，比如创业者离经验更近、离教训更近。
>
> 包括梅花创投投资的单丹丹、罗敏、雷文涛等很多人，他们都是连续创业者，现在我也很看好他们。有句话叫“善败者不亡”，屡败屡战的人能够认真研究失败的经历，把学到的经验、汲取的教训延续使用，这样他们反而离成功更近。

人非圣贤，谁都有犯错的可能。犯错不要紧，及时认错并第一时间止损就好。问题出现以后吸取教训、避免问题再次出现，学到的经验延续使用，这是一种比较成熟的商业认知，同时也是心力强大的体现。心力不够强大的人犯了错，要么一蹶不振，要么顾影自怜。而心力强大的人看到的永远是他能从这次错误中学到什么。显然，对于接下来的创业之路，这才是最重要的事情。

获取价值链上最有价值的环节

创业就是在与不确定性为伍，但在众多的不确定性中，有一点是确定的，那就是找到可持续的商业模式。什么是商业模式？商业模式就是可持续的盈利系统。真正具有生命力、可持续的商业模式，一定基于价值链的分解。

通常，一条完整的价值链会分成很多个环节，各个环节对企业需要具备的能力要求不同，对企业的重要性不同，当然给企业带来的最终回报也不一样。排除极为特殊的情况，任何一家公司都不可能完全垄断价值链上的所有环节。对企业来说，谁控制了价值链中最有价值的核心环节，谁就掌握了竞争的核心优势，就能获得最大的势能。

例如，非核心环节的比拼就像你拥有80粒芝麻、我拥有60粒芝麻，然后你一粒、我一粒，你和我围绕芝麻进行比赛，看谁能先拥有100粒，这其实属于数量级之间的比拼。

但就在此时，突然有人抱来了一个西瓜。好了，芝麻的事可以不用讨论了，在西瓜面前，大家根本不是一个量级。

这个西瓜其实就是价值链上最有价值的环节。它对芝麻的碾压，正如一场不同量级之间的降维打击。什么是高层次的商业认知？它一定包括了深思熟虑后做选择的战略能力——做那些“更少，可能比较困难，但结局最好”的事。

找到“高价值区”

赚高价值区的钱其实赚的是认知力的钱，你的认知力水平有多高，你的眼光、你的判断有多准，你的回报就有多高。

在选择创业者时，梅花创投对创业者的第一项考验就是看他是否具备高水平的认知力。而在这个认知系统里，最重要的一条就是商业认知：作为创业者，你要知道市场机会在哪里，了解市场需求，理解人性，观察市场时机，知道自己处于行业中的什么位置、整个价值链中的什么位置。

> 最近几年，出行市场一直比较火热。在我看来，这是一个能在每一个环节不断产生独角兽的市场。不管是学车、汽车媒体、汽车销售、汽车后市场服务、整车制造、无人驾驶、租车、打车、专车等，都有冒出独角兽的机会。
>
> 就像手机行业，比如小米，无须拥有生产手机的经验，也能成为在全世界都名列前茅的手机品牌。汽车领域也会发生同样的事情。之前没有任何汽车生产经验的公司，现在也有可能成为汽车巨头。因为这个行业的门槛和价值不在于研发，而在于整合设计和营销，并且这样的公司通常会对产业链的变革产生深刻的影响。

像梅花创投投资的小牛电动，它就没有研发任何一项新技术，但是它整合了世界上最先进的技术，最后变成了在欧洲市场都畅销无阻的品牌，这也是找到“高价值区”的一种方式。

当一家企业要靠比拼能力获取利润时，它能赚到的就只能是辛苦钱了。只有在高价值区，你才有可能做“最少”的事，收获最大的回报。当然，**做“最少”的事，并不是说创业者无须勤奋，而是创业者首先必须具备战略能力和高水平的认知力，找到这个最有价值的环节。**

如果说找到这个最有价值的环节，考验的是创业者的洞察力、商业布局能力和认知力，那么找到以后怎么做，能不能把理论上的、认知层面的高价值区变成实际的可看得见的回报，考验的则是创业者的心力了。

战略性忽略低价值的事

如果有人问你，你有 50% 的机会在明天挣到 100 万元，有 100% 的机会在今天挣到 10 万元，但如果在今天挣了这 10 万元，那么在明天挣到 100 万元的机会为零，你会如何选择？

福佑卡车的前身，是一家传统的物流公司——福佑物流。单丹丹用了 6 年的时间，以 5 个人、两台车为起点，最终在江苏省闯出了一片天地，企业规模扩大到拥有几十个直营网点、50 多辆卡车。能够做到这个规模，在物流行业已经算是一个不错的成绩了。

此后，单丹丹短暂地离开了物流行业，但又于 2014 年回归，并在福佑物流的基础上成立了一家互联网物流公司——福佑快运。

与福佑物流不同，福佑快运不仅面向互联网做线上的车货匹配交易，也拥有线下的车辆和仓库。由此，发展瓶颈很快出现，它做得太杂、太广，空运也做，零担运输也做，整车运输也做……按照公司当时的情况，根本不可能将这些业务都做好。与此同时，从本质上讲，福佑快运做的还是物流 O2O 的生意，做一单赚一单的钱，未能形成平台效应。

对此，单丹丹十分苦恼。她给我打了一通电话，想听听我的建议。我没有把答案直接告诉她，而是问了她前文中的那个问题："你是要挣不确定的 100 万元，还是要挣确定的 10 万元？"

单丹丹是个聪明人，她很快便做出了自己的选择——转型，除了整车业务，其他的全都砍掉。这一决定遭到创始团队里其他人的强烈反对。正是依靠原有的模式，福佑快运才拿到了天使轮融资，在他们看来，一下子把其他业务全都砍掉的做法太过激进。

单丹丹有自己的坚持，她对团队里的小伙伴们说："摆在我们面前的有 3 条路，第一条路是坚持原有的发展方向，继续做快运，花完 300 万元的投资款就关门；第二条路是转型做整车运输，或许还可以拼一把；第三条路就是两种业务并行，肯定死。反正都是死，不如拼一把再死。"

就这样，大家在会议室开了一整天的会，从下午 2 点一直开到晚上 10 点，最终统一了意见并探讨出了现在福佑卡车的发展方向。2015 年 3 月，专注于城际整车运输的福佑卡车正式上线。

所谓战略，大部分都是在抉择与取舍。砍掉其他业务，坚持做城际整车运输业务，其实就是创业心学强调的“此心不动，随机而动”，同时这也是单丹丹心力强大的一个体现。

人性是有弱点的，比如在面对多个选择时，即使我们明知道其中一项可以获得最大的成功，我们也不愿意轻易放弃其他选择。比如，我们总是容易被及时反馈诱惑，在当下唾手可得的利益与未来可预期的更大利益之间，总是倾向于选择前者……

正是因为这些弱点，使“在高价值区持续发力，对范围以外视而不见”变得异常困难。而那些心力强大的人之所以能获得成功，就是因为他们总是能用内心的力量克服人性的弱点。

此外，创业者必须保持独立思考，在与大众意见相悖的情况下，特别是在决定胜负的关键阶段，能够面对质疑、反对、说服，顶住压力。这也是最考验心力的时候，创业者必须拥有强大的定力和冷静的内心。

建立“护城河”

无论哪种商业模式，只要你稍微崭露头角，那就毫无秘密可言，别人一看就懂，你很快就会面临竞品大量涌入的境况。很多第一个吃了螃蟹的创业公司都无法摆脱这样的困扰。

好的商业模式当然不怕抄袭，但前提是你必须建立起“护城河”。否则，你就是在给巨头做炮灰——艰辛你一个人扛，成果被别人全面收割。

福佑卡车成立时，中国的物流市场虽然规模庞大，但是也存在很多问题和痛点。比如，交易链条长、线下交易不透明、服务质量不稳定，整体是一个相对低效、无序且缺乏标准化的状态。

在公路运输领域深耕几年之后，福佑卡车积累了涵盖整车价格、线路、司机信息、车辆信息等多个维度的真实数据。以此为基础，福佑卡车将机器学习、运筹优化等前沿技术应用于询价、报价、调度、运输、结算等各个业务节点，并且对每个节点进行智能化，因此极大地提升了每一个节点的效率。

通过这一系列动作，福佑卡车为其服务的货主企业平均降低了 15% 的运输成本，对整个行业效率的提升做出了不小的贡献，同时自己也走出了一条产业互联网发展的鲜明路径。

对赛道改造的力度越大，竞争对手就越少。相反，如果你只是粗浅地进入一个行业，做一些没有多高门槛的事，你就会发现身边都是虎视眈眈的竞争者。但如果你能像福佑卡车一样，在那个时间节点做到智能调动，并且把整个长江三角洲区域的运力全都组织起来，你就没有竞争对手。因为这条“护城河”足够深，它会帮助你阻断很多竞争对手的来路。

当然，建立“护城河”需要干很多苦活、累活，下笨功夫。这对创业者的心力也是一个考验。

第四章

致良知：创业的第一步，是找到正确的创业方向

“女怕嫁错郎，男怕入错行”，创业者最怕的则是跑错方向。为了实现人生的价值，阳明先生的选择是“致良知”，将选择权交由本心，立大志、发善念，寻找自己的使命感，并通过同理心让其落地。而这，或许能为创业者指明前行的路。

立大志：找到宏大的变革目标

志乃心之所指，一个人的伟大志向，不仅是其内心力量的源泉，同时也是其心力的聚焦和延伸。**人生当立志，无志则人难做、事难成。**无论历史人物还是我所见过的上千位创业者，凡有所成就者，无不是心有大志并始终如一地坚持之人。

王阳明在 12 岁时，写了一首名为《蔽月山房》的诗，全文为："山近月远觉月小，便道此山大于月。若有人眼大如天，当见山高月更阔。"初看此诗，或许略显粗鄙，但细品之后，你就能体会到阳明先生不凡的眼光和志向。

也是在 12 岁那年，他问曾经考上状元的父亲："读书有什么用？"父亲答道："读书可以做大官，像我中状元后做官，靠的就是读书。"王阳明又问："父亲中状元，子孙世世代代还是状元吗？"父亲答道："只有我这一世。你若想中状元，还是要勤读书才成。"于是，王阳明笑着对父亲说："只有一代，这状元没什么稀罕的。"

关于人生志向的思考，在年幼的王阳明心中不断地发酵。从父亲处并未得到令他满意的答案，他便向私塾老师求教："什么才是人生的头等大事？"老师说："人生的头等大事就是读书登第做状元。"王阳明直言不讳地反驳道："这恐怕还算不上头等大事，我要读书做圣贤。"

尽管彼时的王阳明或许还不知道"圣贤"两个字的具体含义，但这成了他圣贤情怀的一个开端。此后，他也在做圣贤这件事上追求了一生，从未改变志向，终有所成。

"志不立，天下无可成之事。"阳明先生对立志之事向来看重，包括后来创立阳明心学，给弟子讲学，他也多次强调立志的重要性。他曾为弟弟王守文写过一篇《示弟立志说》，反复叮咛立志的重要性："夫学，莫先于立志。志之不立，犹不种其根而徒事培拥灌溉，劳苦无成矣。世之所以因循苟且，随俗习非，而卒归于污下者，凡以志之弗立也。"

这段话的大意是：求学问，首先在于立志。不去立志，就好像植树不深埋其根，只是培土灌溉，徒然劳苦，终究无成。世上凡是碌碌无为、随波逐流而最终流于污下的人，都是不立志造成的。

人世间最好的修行，不是向外追寻，而是向内观照。无论生活还是创业，一个人的成就永远不会超过他的信念和志向的高度。

《传习录》中有一句话："持志如心痛，一心在痛上，岂有工夫说闲话、管闲事？"这一说法简直妙绝。一个人一旦定下了一个志向，就像得了心痛病一样，一心在痛上，心里、眼里都是这件事，想抛都抛不下。同时，他也会放下眼前的利益，不计较一城一池的得失，对短暂的失败也不会感到恐惧。

我出生于江西省赣州市大余县南安镇，这个小镇在古代被称为南安府，是阳明先生去世的地方。除此之外，那里就是一个非常普通、不起眼的小镇，普通到在我上大学时那里还没有通往北方的火车。

作为家中唯一的男孩，我从小便背负着家人光宗耀祖的殷切期盼，后来我经常自嘲地对我的两个孩子说："爸爸也曾是全村人的希望。" 18岁那年，我高中毕业，考上了吉林大学的材料科学系，我记得很清楚，我是那一年全村唯一的大学生。

去学校报到时，一路汽车、火车轮番辗转，路上一共用了3天的时间。为了转车，我在北京逗留了一晚，从此与北京结下了不解之缘。大学毕业后，我放弃了条件相对优渥的本专业工作，独自一人毅然来到北京闯荡，发誓要在这里扎下根来，闯出个名堂。这便是一个小镇青年当时最大的志向，我的一切努力及内在动力均源自于此。

初至北京时人生地不熟，所有"北漂"经历过的痛苦与挣扎——被房东催租、向人借钱吃饭等，我都经历过。那段日子过得确实很苦，但也更加坚定了我要扎根城市、出人头地的决心。对我来说，这是一种难以想象的巨大力量，它支撑着我一路披荆斩棘，从华为到百度再到后来创业。

有一段时间"996"工作制[①]在网上引起热议，马云、刘强东等人都参与了这个话题的讨论，我无意评价谁对谁错，只想描述一下自己的切身经历：在为别人打工的那段日子里，我每天的工作时长基本都在16小时以

① 2019年网络热词，意指早上9点上班，晚上9点下班，每周工作6天。

上，可以说除了吃饭、睡觉，眼里只有工作。

或许正是这种近乎狂热的努力，让我在每一个工作岗位上都取得了较为突出的成绩，在华为屡获升迁，在百度也曾被评为优秀员工。包括现在创业做投资，我觉得自己的这种状态还能继续保持下去，甚至更胜以往。

创业，就是在未知的世界里冒险。在各种不确定性和未知中，有一个宏大、明确的志向至关重要，它就像是雾中的灯塔，会为你照亮前行的路。**即使前途坎坷、希望渺茫，只要你心中有光，偶尔走些弯路也没什么大不了的，这就是我所体会的阳明心学中“此心光明，亦复何言”的境界。**

立大志是创业者走向成功的关键因素之一，也是最为重要的一个。在找到宏大的变革目标之后，一个人才能经得起诱惑，吃得了苦，耐得住寂寞，突破现实的羁绊，迎来豹变[①]和化蝶的那一天。

因此，在选择投资对象时，梅花创投最看重的便是那些特别有“野心”、会对行业带来颠覆性变化的小镇青年。他们普遍拥有雄心壮志，能脚踏实地做大事，选择行业的天花板也足够高。正是一代代壮志凌云的年轻人，为中国改革开放 40 年的巨大发展贡献了一份力量，他们是中国长期发展的动力源泉之一。

“趣店”是我在 2014 年投资的一个项目，它的前身是大家非常熟悉的趣

---

① 本意是指像豹子的花纹那样变化。刚出生的小豹子样貌很丑陋，但逐渐会变得雄健而美丽。这里喻指蜕变。

分期。这个项目在 1 年内获得了 4 轮融资，2017 年 10 月在纽约证券交易所上市，我们由此获得了超过 1000 倍的投资回报。

罗敏出生于江西抚州的凤冈镇，小时候家境贫寒，直至高一时因参加奥林匹克数学竞赛，他才第一次有机会走出县城。后来到江西师范大学读书，他第一次坐上了公交汽车，见到了过去从未见过的高楼大厦。

小镇青年的特质在罗敏的身上留下了深刻的印记。在他的身上，我看到了自己曾经的影子和那种为了改变命运不惜拼上一切的劲头。罗敏曾多次创业，在趣店之前，他还做过汽车团购和家教项目。因为看好罗敏这个年轻人，他的这些项目我都参与了投资，尽管最终都以失败收场，但正是这个过程磨砺了罗敏的认知力和心力，让他确定了全新的、极为宏大的变革目标——为金融机构创造价值，让人人都能享用个性化的消费金融服务。

现在的罗敏，已经是一个眼界开阔、心智成熟的人。他的志向是要将趣店做成中国最大的金融服务零售平台，这个目标足够宏大，他也知道好的产品应该是什么样子的，知道从哪里筹借资金。在金融赛道，虽然监管尚待完善、产品良莠不齐，但依然有好的项目和产品源源不断地走出来，从中国走向世界，趣店就是其中一个非常成功的例子。

足够鼓舞人心的宏大目标本身就是一种竞争优势，它能让创业者走出个人利益的狭隘视角，激发出更大的创造力，也会像磁铁一样，吸引和黏合更多优秀的资源和人才。

雄心壮志绝不是好高骛远，更不能毫无根据、不负责任地随意想象。我为创业者总结了关于立大志的两大原则。

尊重趋势

现在很多人见到我，都对我说："你们梅花创投真厉害，在投资过的行业和创业公司中，有很多都获得了10倍以上的规模增长，甚至还多次取得超过1000倍的投资回报。"这种说法固然是对我们工作和成绩的认可，我对此十分感谢，但其实他们的认知力水平还不够，并未看到事情的本质。真正厉害的并不是梅花创投和我，而是时代和趋势。

比如，知识付费是近几年比较大的投资浪潮，我们在这个领域投资了好几家公司。其中一家叫"有书"，它的创始人雷文涛是黑马成长营6期学员，属于典型的知识分子，温文儒雅、彬彬有礼。他的身上没有创业者特有的热血亢奋，取而代之的是冷静审慎，他的话虽不多，但往往能一语中的，认知力水平很高，心力也很强大。

在和我聊项目之前，雷文涛已经见过几十家投资机构的负责人，始终无果。我和他聊了不到1小时，就确定了投资意向，因为我相信知识付费是当时的大趋势，具有广阔的市场前景。

在我看来，知识永远是值钱的，知识付费是个巨大的、没有天花板的赛道，处于明显的上升通道，可以衍生出很多东西。在低成本运作的情况下，有书就将用户量做到了几百万，虽然当时没有什么收入，每个月的广告费非常少，但我认为它选对了赛道，欠缺的仅仅是捅破变现的窗户纸。这一点和陌陌极为相似，陌陌原来有流量、有用户，缺的也是变现手段，最终它们找到了直播那条路。

有书的商业模式很好，内容生产成本和运营成本都很低，没有库存，也没有应收账款，并且能够不断地吸引内容生产者加入其中，为用户提供高质量的内容。这种模式轻、中间环节少又符合时代发展的大趋势的项目，十分契合梅花创投的投资逻辑，因此我们一拍即合。

2019 年年中，有书的用户数量已经突破 3000 万，在全国 150 个城市搭建了有书同城共读会，组织了超过 10 万个线上社群，每月的广告收入超过 1000 万元，月盈利超过 500 万元，已经达到上市公司的基本要求。

立大志、定目标的大前提是要尊重趋势。带兵打仗最好的歼敌办法是从山上往山下推石头，这样石头会越滚越快加速命中敌人，而且省时省力；如果从山下往上推石头，不仅创业团队会很累，而且难度相当大。顺应潮流和趋势，就是从山上往山下推石头，如果这个浪潮没来甚至企业逆潮流而动，那么，即使创业者将志向和目标定得再高，也毫无意义。

尊重常识

常识和逻辑是最宝贵的。有的创业者来找我谈项目，说的时候夸夸其谈，志向很远大，似乎在极短的时间内就能改变世界，但稍加分析你就会发现，这既不符合常识，也不符合逻辑。

福佑卡车现在是中国最大的城际整车运输科技物流公司之一，但创业之初，在发现了传统物流的痛点之后，单丹丹曾立大志想要“干掉”中间商，让整个物流行业“没有中间商赚差价”。志向虽大，但不符合基本的物流行业商业常识，结果把自己累病了也没有取得多大的进展，企业发展陷入僵局，丝毫看不到破局的方向。

在了解情况之后，我约单丹丹吃了一顿饭，前后花了差不多半小时的时间，帮她基本理清了思路：“物流行业不可能没有中间商，你应该做的不是‘干掉’中间商，而是与中间商共舞。”她对我的看法十分认同，回去后便在公司进行了大刀阔斧的整改，及时将运营方向改为和中间商合作的经纪人模式，之后，其一年的营业额得到了大幅提升。

请记住，当你看不清楚未来，不确定自己的目标和方向是否合适时，不妨想想那些最底层的商业逻辑，回归常识至关重要。

发善念：有益于用户、行业和社会

说到致良知，就不得不提阳明先生曾经说过的四句话："无善无恶心之体，有善有恶意之动，知善知恶是良知，为善去恶是格物。"按照阳明心学的观点，恶是习气，善是本心。所谓"致良知"，就是要找回本心，发善念去恶习。

每一位优秀的创业者，心中一定拥有某种极其坚定的追求。这种追求从本质上反映了创业者认知力水平的高低和心力的强弱。心力弱小的人，看到的永远是自己脚下的方寸之地，做人、做事离不开个人得失；心力强大的人，必然有精神层面更高级的追求，希望实现自我价值，希望对用户、对行业、对社会有所贡献，这就是发善念。而最终的结果是，只有源自创业者心中之善的项目，才能够获得长远的发展。

金庸先生说："侠之大者，为国为民。"我想，这其实也是创业者应有的心力和认知力。在这个世界上，从来不缺赚钱的商人，但更可贵的是那些真正对用户、行业和社会拥有善念的人。

这几年，因为个人投资风格的原因，大家给我冠以投资界"快狼"的称号。我的一些投资决策往往会被圈外人视作“疯狂”之举，但这些行为的背后，其实具有非常严谨的投资逻辑。包括我经常说“投资就是投人”，对创业者来说，这是一种更严苛的要求。因为我希望，在商业利益之外，我们投资的人、能和我们一起走下去的人，都是心存善念的人，都是有更远大追求的人，都是有家国情怀的人。

利他，有超越金钱之上的温情

创业，仅有情怀肯定没用，每一位创业者都在谋求盈利，用利润推动企业向前发展，这是涉及企业生存和发展的基本物质保证。业界有句话说得很犀利：“企业如果不盈利，就是在‘犯罪’。”作为创业者和投资人，我同样认为追求财富、以财富为目标并不可耻。

在那些真正优秀并取得一定成就的创业者中，我极少看到谁是完全以追求财富为驱动目标的。原因何在？**单纯以盈利为目标，天花板太低，这其实也是认知力水平不够高的表现。**创业者不仅必须拥有利他之心，更要有一些超越物质财富之上的追求。

做了投资人之后，我经常听到这样的问题：“梅花创投如何定义与创业者之间的关系？”我的答案就是一句话：“在任何情况下，我们都会站在创业者这边，做创业者的朋友，互相成就，终生合作！”

在我看来，当项目发展得顺风顺水时，投资机构与创业者的关系相对和谐融洽，最考验投资机构的是，当这个项目遇到困难时，你的第一反应是什么，接下来的动作是什么，你是想保全自己的投资，还是能够站在创业者的角度帮助项目继续向前推进。

小牛电动在发展过程中出现了一些较为严重的问题。当问题发生后，有些投资方决定撤资。从商业的角度出发，我觉得这种选择十分正常，但他人的选择从来不会影响我的判断。梅花创投不但坚定地支持小牛电动，还帮助它寻找了新的投资方。

再说另外一个项目，它是梅花创投与其他基金共同投资的。有一段时间，别的投资方一直逼着项目创始人做清算，但我觉得这个项目应该继续向前推进，又担心项目创始人承受不住来自各方的压力，我就和他说了3个字："我挺你。"随后，我又在所有投资方组成的微信群里，明确地表达了自己的意见——不支持清算。

项目创始人为此很感动，跑来对我说："我觉得清算挺好的，如果继续推进，我怕就连最后这点钱也会亏光了。"那天，我和他喝酒谈心，说了很多我对创业心学的认知，最后我告诉他："你鼓足勇气出来创业不容易，如果就这样放弃，对自己和投资人都是不负责任的。"

我十分看好这位项目创始人和他的团队，认为只要他们好好干，绝对有机会成就一番事业。果不其然，在2018年，他们的项目盈利2000万元，不仅项目活了过来，他们还开创了自己的创业之路。

对梅花创投这样的投资公司而言，各位创业者就是我们的用户。在用户最困难的时候，我往往会将商业利益看得很淡，希望能够真正地帮助用户渡过难关。**既然我觉得你行，即使天塌地陷，我也会一如既往地支持你。就算中间有无数人和我说你不行，我都愿意说你行，挺你到底。**

金钱是冰冷的，商业是理性的，但人是可以带着温情的。很多人认为，投资要冷静、冷血；而我认为，天使投资人要拥有热血、充满激情和保持冷静，三者缺一不可。保持冷静能让人做好事情，冷血则会让人不像人。我一直奉行一句话："有梅花，无寒冬。"我希望每一位创业者在和梅花创投一起走过的日子里，都不会感觉到创业的冰冷，这就是我的善念。

可能有人会问："这种善念与商业本质不冲突吗？"在我看来，它们之间并不存在这种冲突。在这个世界上，任何一个真正能够做大、持续经营并被大家认同的企业，进行的一定都是"正和游戏"和"利他游戏"。创始人的初心一定都是善念利他，从而形成良性的商业循环，最终惠及自己。我始终相信，成功会眷顾每一个致良知、存善念的人，只是时间早晚而已。

在梅花创投投资玩蟹科技之后没多久，叶凯便为我们引荐了赤子城的创始人刘春河，而刘春河又为我们和 Mico（米可世界）牵了红线，这两个项目都让梅花创投获得了不菲的投资回报。

创业者本身就同处一个圈子，优秀的创业者身边总会聚集很多好的项目，我们与优秀的创业者成了朋友，也就获得了他身边宝贵的创业资源。这种结果当然不是梅花创投最初投资玩蟹科技的目的，我个人也从未有过如此功利的想法，只不过在我做了一些事情之后，其他的事情就会水到渠成。这些事情的发生似乎出乎意料，但在情理之中。

有益于用户

在很多创业者设定的价值排序中，不管是有意还是无意，“我”常常被放在了第一位，其后可能是投资人、经销商、员工等，最后才是用户，以及如何帮助用户创造价值。我经常能从他们的口中，听到以“我”为表述主体的话。从表面上看，这只是创业者个人的一种表达方式，但深入探究一下，我们就会发现这其实体现了一个人的认知力水平和心力强弱。那些把用户看得很重要、把企业责任看得很重大的人，才是真正拥有“大心脏”的人。

有车以后也是梅花创投投资的一个项目，这是一个专注于汽车垂直领域的移动互联网平台。如今，它已发展成全国最大的汽车新媒体之一，拥有 7300 多万用户和“粉丝”。它的崛起完全依赖于微信生态圈，其 80% 以上的用户在微信生态圈中，包括公众号、小程序、微信群和微信搜索。

在汽车垂直媒体这个创业赛道中，无论从用户规模还是从融资的规模和规格来看，有车以后都是“跑”得最快的。2019 年，它的估值是 20 亿元，而梅花创投从 2016 年年初便参与了它的第二轮融资，后来便一路跟进。我一路见证了有车以后从几个人的创始团队走到现在，看到了在创始人徐晨华的带领下，整个项目的迅速成长。

在发展之初的一段时间内，徐晨华陷入了迷茫期，他的困惑在于：两个人做的公众号已经积累了几十万“粉丝”，但 9 个人做的 App 前途未卜。他不太确定公司在未来应该何去何从，于是便找我询问意见。

我给他的建议是：“不如先将重心转移到公众号上来，在自己熟悉的微信生态圈深度耕耘，将其作为主战场。在企业发展到一定阶段之后，再确定战略扩大边际战场，在另外的赛道（如 App 赛道）里去经营流量。”

后来，微信又推出了小程序，徐晨华便将经营重心放到了“公众号 + 小程序”的微信生态圈内。在 2019 年 4 月举办的上海车展上，有车以后联合威马汽车做了为期 1 周的产品宣传活动。为了推广这次活动，他们利用微信小程序做了一个答题小程序，整合微信生态圈内的所有流量，大力推广。最终，参与这次答题的人数是 97 多万人次，而全媒体的曝光量是 2000 多万人次。

在黑马创业实验室的一次分享中，我邀请徐晨华和我共同主持。当时他的一句话，也算是对选择深耕“公众号 + 小程序”的微信生态圈的一种诠释：“商业的本质不是为了赚钱，而是为了有益于用户，不断提高用户的满意度。”

对他来说，这种选择不仅是基于成本、竞争或商业模式的考量，更是基于在公众号上积累的大量用户。因为对用户来说，小程序更能为他们带来便利。比如，小程序拥有毫秒级的打开体验，与其他原生 App 相差无几；拥有硬件的支持能力，比如语音与相机等；可以借力微信体系下的账号与社交功能，分享起来更加简单、快捷……换句话说，有车以后拥有的 7300 多万用户和“粉丝”，可以借助小程序享受更多、更好的产品和服务。

商业的本质不是为了盈利，而是为了有益于用户和社会，不断提高用户的满意度。盈利不应该是目的，而是在你不断满足用户需求的同时，自然而然就会出现的结果，这就是徐晨华的逻辑，也是一位有情怀的企业家思考问题的方式。

有益于行业和社会

所谓创业者的善念，并不是说你的梦想有多么宝贵，也不是说你的情怀有多么伟大，而是指创业者应该有一种责任感，这种责任感不仅是指对用户的责任感，还是指对行业和社会的责任感。

刘老木在创立趣学车之初，曾不远千里从江西来北京见我。他对我说过的一句话，我至今记忆犹新："我们只想在驾驶培训行业做出一些改变，哪怕只是一点点。"这句话虽然十分朴实，却让我看到了一个年轻人对行业和社会的责任感。

2017 年 1 月 8 日，趣学车开了真正意义上的第一次年会，刘老木也做了他的第一次年会演讲。在将近半小时的演讲中，刘老木没有谈成绩，也没有谈企业未来发展方向的具体规划，而是谈善良、谈奋斗、谈未来趣学车要尽的社会责任，也提到了当初和我说的那句话。

他和我说，他的这个想法遭到了 99.9987% 的人的否定（我相信这个数值是真实可信的），但也正是因为这样的否定，才让他保持清醒、坚持初心。终于，因为那 0.0013% 的人相信，趣学车活了下来，在资本寒冬中完成了一年 3 轮的融资创举，成为国内领先的互联网驾校连锁品牌。

此外，他的另一段话也给我留下了深刻的印象。他说：“未来不管是估值10亿、100亿还是1000亿美元，这都不是我们的目标，而是我们努力的结果。我们的目标是，10年后中国的学车环境越来越好，人们的道路安全意识越来越强……”

他自己还幻想了一个场景：“再过10年，权威统计部门会说‘在以趣学车为首的互联网驾校的推动下，中国的交通事故率降低了78.694%’。”他很“低调”地告诉我：“这样的虚名，才是我们想要的成就，才是我们奋斗的真正意义所在，才是我们想要的人生巅峰。”

说句心里话，这样的创业者真是让人又爱又敬。在中国，每天都有成千上万家企业成立。在成千上万的创业者中，有坚定的社会责任感、想要为行业和社会做点什么的人并不多。我认为，单凭这一条，刘老木就可以超越50%以上的创业者。而我希望，读到这里的每一个人都能成为超越那50%的人。

使命感：创业者的主赛道

在每个人的头脑中都有一个风险收益的计算方式，算完之后，绝大多数人会选择安逸的环境、舒适的生活、稳定的收入和美满的家庭，只有极少数人会选择创业。因此有人总结道："创业是一条少有人走的路。"甚至有人说："创业是绝大多数人不会选择而留给少数人的机会。"

姑且不论这两种说法正确与否，但创业确实不太容易，失败是常态，成功才是小概率事件。想要坚持走下去，创业者必须拥有持续不断的激情和动力。而这种激情和动力，其实都来自创业者的心力。使命感是激发创业者心力的一种方式。**有了使命感，才会有兴奋点。**

赤子城是梅花创投投资的一家移动出海公司，此前说过，我和赤子城创始人刘春河的相识，得缘于叶凯的牵线搭桥。第一次见到刘春河，我就能感受到他的创业信念，那种想为社会乃至整个世界带来颠覆性改变的信念，据他说："我希望自己能够成为像乔布斯那样改变世界的人。"

就连赤子城这个名字，刘春河也暗藏了自己的一番深意。他对我说："这个名字我起了一个暑假。赤子，就是赤子之心，孟子说过'所谓大人者，不失其赤子之心也’。我在北京邮电大学读研究生二年级时，就怀着一颗赤子之心想要做一家改变世界的公司，这就是我创业的初心。”

在经历了长久的观察和思考后，他才真正地找到自己笃定的创业方向。什么样的产品可以长久立足？什么样的公司能够真正地改变世界？关于这样的问题，刘春河思考了很多，最终确定了两个大方向：做出海，做入口。

当时中国的互联网渗透率已经很高，但在海外的很多国家和地区，移动互联网的发展尚处于相对落后的水平。中东、拉美、俄罗斯、东南亚……特别是非洲的一些地区，互联网渗透率都很低。而在全球化的进程中，中国的移动互联网产业要想实现长足发展，势必要走向海外。但对一个年轻的创业公司而言，其中似乎存在极大的挑战，刘春河却毅然决然地停止了其他业务，开始专注地做这件事情。

阻力随之出现，特别困扰赤子城的是出海的本土化问题。文化差异、语言不通、地方法律、宗教习俗等，每走一步都极为艰辛。幸运的是，刘春河拥有极为强烈的使命感。在他看来，创业无非就是逢山开路，遇水搭桥。有文化差异不要紧，多向当地人请教，同时找资料补课就好；语言不通不是大问题，前期请翻译，后期靠自学；不了解地方法律？找出当地法条，逐条通读乃至默记于心……

只要你有心，办法总比问题多，世上从来都没有过不去的独木桥。在一个想要改变世界的创业者面前，任何困难和阻力都不重要，这些早晚都能解决。

目前，赤子城的服务已经覆盖了全球200多个国家和地区，拥有6亿多自有用户，覆盖了10亿多的其他产品设备。无论我什么时候见到刘春河，他眼中的光芒从未暗淡半分。这条路还很长，但很显然，他做好了上下求索的准备。

使命感是创业者的主赛道，伟大的创业者都是带着使命感在布满荆棘的路上拼杀。需要提醒大家的是，使命感属于创业者的价值观范畴，而在价值观这个层面上，喊喊口号很容易，想要真正做到并“此心不动”，却是难上加难。很多创业者都在对外标榜自己的“使命感”，但他们所谓的“使命感”，往往只是挂在墙上或停留在口头上。如何才能让使命感落地，我认为需要注意以下两点。

相信，才能看到

因为看见，所以相信，体现的是普通人的心力水平，也是跟随者的行为模式；因为相信，所以看见，则体现了创造者的心力水平，也是先行者的行为模式。

创业就是在为未来下注。无数创业者以自己和团队的时间、资金、精力、资源为筹码，赌的就是能通过彼此的努力，让世界和明天变成理想中的样子。比如，马云想让全天下没有难做的生意；梅花创投想帮助聪明的年轻人成为伟大的企业家；科比特航空的使命感则体现在用科技改变世界，让更多的人受益。

科比特航空的使命就是要做最好的工业级无人机，用科技改变世界。乍听到这个使命，或许有些令人难以相信，毕竟在中国无人机领域有大疆这样的行业巨头，也有极飞这样的先行者。为了让自己吹下的“牛”落地，科比特航空的创始人卢致辉一年投入的研发经费高达4000多万元，而业内绝大部分企业家都没有这个魄力。如今，科比特航空的愿景正在公司全体人员的努力之下，转化为越来越清晰的事实。

比如，科比特航空利用无人机技术帮助电网人员在深山里做电网寻线。原本做一次电网寻线可能需要几百人，现在只需要两三个人再加上几台无人机，就能完成整座大山的电网寻线任务。

又如石油化工行业，大多数人熟悉生活中的汽油的冶炼过程，却对石油的开采、炼化、存储、运输等技术知之甚少。因为对石油行业的认知力水平较低，自然也无法体会石油行业工作人员的艰辛。就国内而言，石油企业一线员工的作业领域大多是高山、沙漠等，自然条件十分恶劣。对石油企业一线员工来说，除了会受到恶劣的自然环境的威胁，他们的身边更是随时都潜伏着工业危险。

科比特航空早在2016年就与全球炼油能力最大的石油公司中国石油化工集团有限公司（以下简称“中石化”）正式合作，成为中石化最大的无人机供应商。科比特航空研发的无人机，不仅能对油田勘探、开采、土地规划等做出具体测绘，还能代替人工作业进行拉网式巡查、高空装置检查、油库安防巡查，也能穿透浓烟，巡查某些事故的火源，采用气体探测系统及时探测有无管道发生石油泄漏，并通知中石化迅速采取处置措施。

与人工巡检相比，科比特无人机的优势十分明显：无人机机动灵活、操作便捷、能搭载多种任务载荷适应不同的应用场景。它不仅能克服路程遥远、路况复杂、人员难以到达等困难，还可以实现昼夜监控、跟踪锁定等功能，有效地弥补了其他巡检方式的不足。

创业不像武侠小说中描写的练武，主人公打通任督二脉就可以功力大增，达到出神入化的地步，从此走上人生巅峰。对创业者来说，使命感越强烈，愿景实现起来就越难。如果说确定了自己的使命就是打通任督二脉，那么真正的练武才刚刚开始。

在这个过程中，创业团队不仅需要持续不断地努力，还需要始终如一地相信自己的坚持。人类的大脑只会对确认无疑的事调动所有的资源，只有相信，才会更加专注，才能始终向使命感所指的方向奔跑，直至将愿景变为现实。我经常说要相信“相信”的力量，其实这也是心力的一种体现。

我始终相信小镇青年们的远大志向与勇气，也见证了无数小镇青年凭借内心的强大力量，让梦想照进现实。在我看来，**每一个年轻聪明的大脑都是一个富矿。在一个充满机遇、竞争公平的社会里，财富就应该不断地被这些勤奋的年轻人创造和再分配。**

因此，我为梅花创投定下的使命就是“帮助聪明的年轻人成为伟大的企业家”。这些年来，梅花创投一直致力于投资新经济、“重仓”年轻人，给新经济领域中的年轻人一个实现梦想、通过创业改变人生的机会，这个信念从未改变。

任何时候，都不忘初心

所有伟大的创业，都是一场“煎熬”。近些年来，中国的很多创业公司成长得很快，但如果想要成长为一家伟大的公司，则需要一定时间的沉淀。在这个过程中，创业公司会遇到很多困难，就像打通关游戏一样，越往后越难突破。

我见过的很多创业者，摸黑走上 50 米或许问题不大，但如果打开灯发现旁边的水潭里有许多鳄鱼，他们就会失去前行的勇气。或许出发时的初心很好，但遇上九九八十一难后，还能此心不动的人少之又少。有些创业者走着走着，就忘记了最初为什么出发，将使命感抛诸脑后。

此外，成长的路上总是少不了各种诱惑。越是喜报频传的时候，可能越是离最初的使命感、离初心最远的时候。因此，在创业这条路上，创业者不仅要想尽办法让企业活下来，还要在取得成绩甚至是在春风得意的时候，时刻提醒自己，避免小有成就便目空一切、忘了初心。

2017 年 10 月 18 日，我陪罗敏去纽约参加趣店上市的敲钟仪式。从创业到上市，趣店只用了 3 年 7 个月的时间，纽约证券交易所总裁汤姆·法利（Tom Farley）对我说：“纽约证券交易所成立 100 多年来，趣店是从成立到市值百亿美元用时最短的公司，这是世界经济史上的一个奇迹。”

趣店上市后，我给罗敏发送了一条短信：“你的目标是 500 亿美元，现在只有 100 亿美元。”我相信趣店一定能成为一个市值 500 亿美元的公司，能够为中国乃至全世界的用户提供更好的金融服务。这是趣店成立之初，罗敏提出的企业使命。之所以发短信提醒他，就是怕这个聪明的年轻人在取得了一些成绩之后，忘记了最初的梦想。

毫无疑问，**创业是和平时期最绚烂的一种生活方式，前途固然光明，道路上却布满了荆棘**。对创业者来说，使命感是内心的追求，实现愿景是看见了某一个点上的未来，然后奋力拼搏将其一点一滴化为现实的过程。

在这个过程中，具体的创业技巧和方法论是“术”，它们可以帮助创业者走得更加稳健；而立大志、发善念和拥有使命感这些发自内心的东西才是“道”，它们可以帮助创业者走得更远。在创业的路上，以道驭术，以术进道，才是提升创业成功率的不二法门。

同理心：学会从用户的角度看问题

如果说立大志、发善念和拥有使命感决定了企业最终会走向何处，那么，能否挖掘和解决用户的真实需求则决定了企业能在这条路上走多远。

创业，最终一定要落到解决用户的问题和需求上来，这是由创业的本质决定的。乔布斯的那句“活着，就是要改变世界”，不仅影响了刘春河，也成了很多创业者的座右铭。这是一个宏大而美好的愿望，创业本该如此。但对用户而言，相较于你能否改变世界，他们更关心的是——你能否解决他们的实际痛点和问题，能否真正地改变他们的生活。如果无法解决这个问题，改变世界也就无从谈起。

这是致良知中十分重要的一点，你要学会感知人性，挖掘用户真实的需求，准确地判断自己能为用户提供什么样的产品或服务。当然，要想将愿望真正落地，你还需要一个方法论——同理心。具体而言，就是要从用户的角度看问题。

在创业心学实验室中，我和学员们探讨过一个无人健身仓的项目。这个项目的主要构想是，在社区中投放一些无人健身仓，从跑步这个品类切入市场，目标群体就是各社区的运动人群。

在和学员们分析探讨之后，我对这个项目有了大致的判断：除了回本周期特别漫长，这个项目在用户需求方面也存在诸多问题。

按照学员们当时提出的构想，为了控制风险，在刚切入市场时，只在无人健身仓里放置跑步机，暂不考虑其他健身器械。换句话说，这种无人健身仓只能满足用户的跑步需求。但从目前的城市社区人群的收入水平来看，一个家庭拥有一台跑步机的难度并不大。如果用户不想在家里跑步健身，公园或者某些小区的开放式跑步道都是更好的选择。

对很多人来说，运动的动力来自两个方面：一个是真的想要强身健体；另一个则是晒照片、秀肌肉。

对第一种真正想要强身健体的人而言，在面积只有三四平方米的无人健身仓中跑步，无疑是一种不太良好的体验。除了空间狭小，在一个透明的健身仓里跑步，被路过的行人、邻居围观，这对很多人来说，应该是一件蛮尴尬的事情。

此外，现在很多人去健身房跑步或健身，更大的需求是秀肌肉或在朋友圈里晒照片，这种需求在共享的无人健身仓中很难得到满足。

对创业者来说，用户的需求永远是第一位的。这个需求必须是用户的真实需求，而不是创业者自己想象出来的伪需求。

跑步这项运动在很多地方都可以进行，人们往往更喜欢在环境比较优美的公园中跑步。从性价比方面衡量，在无人健身仓中健身也不比在其他场景中更便宜。况且，人们对运动的定义是广义的，绝不仅限于跑步，比如在户外骑自行车也算是健身运动。我还听过一个段子，说最终打败健身房的是摩拜，因为它的第一代产品骑起来特别费力。当然，这只是个玩笑，但确实说明现在人们的运动方式已经越来越多元化了，用户对无人健身仓的需求的确极为有限。

通常，认知力水平高和心力强大的人有一个特点，那就是能跳出自己的思维模式，看到事情的更多维度。表现在用户需求方面就是，这样的人永远有一种共情的能力，能站在用户的角度上思考：我会不会使用这个服务？会不会有这种需求？会不会有这种顾虑？……他们永远能从用户的角度去看问题，这就是我说的同理心。具体来说，创业者需要注意以下 3 点。

别将自己的想象当成用户普遍的需求

“内在视角”是人类多年进化出的天生直觉，再加上每个人都会有自己的人生历程，所以心力不够强大的人，常常会用自己的想象代替别人的想象。比如，在做某件事时，他的第一反应就是“关心自我，表达自己的感受”，而在遇到问题时，他的第一反应也是在自己的头脑中寻找答案。他们习惯于“以己推人”，从自己的工作、生活、爱好中寻找切入点，也就是我经常说的“把自己的想象当成大家普遍的需求”。这样一来，很多创业公司和产品，最后也就变成了一场盛大的自我陶醉。

字节跳动创始人张一鸣说过这样一句话："**想象力是天空，同理心是地基**。只有这样，才能做出有用且出彩的产品。"我和张一鸣相识甚早，在酷讯网时，我们便是同事，对他的这个观点，我深以为然。

把自己的想象当成用户普遍的需求，这符合人类的直觉，但不符合用户思维。用户思维的本质不是创业者在自己的大脑中寻找答案，而是在用户的大脑中寻找答案。因此，创业者必须拥有强大的心力，突破自我反应和想象的高墙，才有可能对用户的真实需求产生深刻的理解，感知用户的痛点。

关注用户需求的变化

之所以会出现伪需求，一般有两种原因：一是这个需求是创业者凭空想象出来的，脱离了用户的现实生活，比如某些可穿戴设备、区块链项目，甚至包括一些社交项目，都是一些经不起推敲的伪需求；另外一个很重要的原因就是用户的需求也是会变的。

我曾问玩蟹科技的创始人叶凯："如果你回过头去看'大掌门'这个项目，会有什么感觉？"

他略微沉吟了一会儿，告诉我："在2012年的市场环境下，'大掌门'属于业内的佼佼者，深受用户的喜爱。但到了今天，如果有人还在做'大掌门'那样的产品，相信没有几个用户会买账。如果将过去行业第一名的产品放在现在，消费者连看都不会看。"

在今天的市场环境下，你再用传统、常规的方式去创业，实际上已经满足不了已经发生变化的用户需求了。我相信，叶凯的话会让很多创业者得到启发——你只有不断地提升自己的认知力水平，才有可能真正地抓住用户的需求。

所谓致良知，就是找到正确的创业方向，坚持有益于社会和用户这个大的方向不动摇。落实到行动上就是，如果你瞄准了一个市场，你就必须深度理解这个市场的用户特征，然后掌握用户的需求变化情况，不断地调整公司的经营方向。这便是阳明心学强调的“此心不动，随机而动”。我始终认为，创业者不仅要具备较高的认知力水平，还要能不断地进行认知迭代。

用户有时也会“说谎”

作为创业者，你还需要知道一件事，那就是用户有时也会“说谎”。我的意思不是说用户故意撒谎，而是指用户有时无法准确地表达自己的需求。每个用户都是一个具体的人，不像机器那样理性、程序化。很多时候，用户只能表达自己的情绪，告诉你他想要实现的某种目的，而无法告诉你他想要的某种具体的产品。

> 这方面最经典的案例就是，当用户说想要一匹跑得更快的马时，一般的创业者会千方百计地去寻找一匹跑得更快的马，而优秀的创业者会透过这种情绪和表达，看到用户真正需要的是一个速度更快的交通工具，所以他最后为用户造了一辆车。

任何产品需求，挖掘到最后都是人性。光有同理心还不够，创业者必须对用户的需求进行更加深入的洞察，透过现象去理解其背后的逻辑，即透过“行为需求”看到背后的“人性需求”。

快速验证需求情况

创业做产品，创业者要有同理心，要能感知用户的痛点在哪。但是这个痛点到底痛不痛，是需要验证的。具体来说，就是要看它是不是刚性需求、是否高频发生、是否有人愿意买单？通常，我在投资一些创业项目时会着重考虑以下 3 个问题。

1. 是不是刚性需求

这个需求必须是刚性需求，即它必须是强需求，而不是弱需求，不是可有可无、锦上添花的需求。

2. 是否高频发生

有一些需求，可能强度上不那么明显，但频次很高。比如，早高峰停车找不到停车位、中午吃饭排队等位时间长等。这样的痛点，虽然“不致命”，但它每天都在发生，消耗了用户很大一部分时间和精力。时间一长，这类高频发生的需求就转变为刚性需求。如果你能给出一个很好的解决方案，那么客户就会有很强烈的意愿去采用它。

相反，如果用户的需求只是偶发性、尝鲜性的，而不是持久性的，面对这样的项目，创业者就要存疑。不是说它一定是伪需求，而是这样的需求太少，不足以撑起你的产品或服务。

3. 是否有人愿意买单

一些社交项目在前期推广时，可能确实拥有一些流量，但深层次的原因并不是用户真的有很强的需求并愿意为此买单，而是因为企业在下血本进行补贴。如果哪天补贴停了，这些项目就很有可能变成一个被薅羊毛的项目，这是创业的大忌。

第五章
事上练，难上得：心力的成长，来自困难和挑战

世间的路，好走的并不多。再耀眼的创业者，光芒之下也藏着无数可怖的疤痕。成功的人之所以能拥有今天的成就，靠的就是 4 个字——精神不死。有时候，困难到底是好事还是坏事，全看你的评判标准是什么。创业心学有一个重要观点——对困难要有一个正确的预期，咬牙蹚过困难这条河，用困难打磨心智，用结果验证判断，在创业循环中不断提升自己的认知力和心力，这就是“事上练，难上得”。

在困难中浴火重生

见过这么多创业者，“坚持”和“熬”是我从他们那里听得最多的两个词。我们经常说创业维艰，但没有经历过创业的人，恐怕很难理解这 4 个字背后的那份艰辛。

很多人都说，这两年创业很难，经济寒冬、资本寒冬、贸易纷争……但是对真正创业的人来说，又有哪一个时刻不难呢？选择了这条路，也就选择了“伍子胥过昭关，一夜愁白了头”的那种艰难。那种求生不能、求死不得的挣扎，无法避免的彷徨、孤独、无奈和煎熬，非亲历者不能懂。包括那些已经功成名就的商界领袖，你也经常能从他们的口中听到不少感叹。

创业会让人充分地体验到两种情绪：兴奋和煎熬。对许多创业者来说，创业就像在黑夜中独自行走，苦苦支撑，不知何时才能迎来黎明的曙光。在这种压力下，兴奋往往会被遇到的各种各样的磨难消解，曾经的雄心壮志很快就会被无情的现实击个粉碎。

在我看来，这其实是创业者的心力不够强大的一种表现。正所谓“事上练，难上得”，心力的每一次成长正是来自困难和挑战。就像唐僧师徒西天取经一样，必须经历九九八十一难，才终有所成。

在贵州西北的万山之中，有一个叫龙场的地方，那里有一座龙岗山，也叫栖霞山。半山腰有一个石洞，那里是阳明先生悟道的地方，现在被称作“阳明小洞天”。我经常与创业心学实验室的同学们说，这是一个不凡的石洞。

阳明先生之所以会来到这里，和他在仕途上的一次遭遇有关。1506 年，他因上书言事得罪了权奸刘瑾，被贬到这里当驿丞。

因言获罪、交恶权贵，又被“发配”到这样一个人迹罕至、环境恶劣的地方，怎么看这都是一条向下走的人生曲线。但正是在这里，王阳明对心学反而有了新的体悟。

对于彼时的阳明先生来说，得失荣辱都已不值一提，他已超然物外，只剩下生死一念尚未化悟。所以，他经常问自己：“圣人处此，更有何道？”他一时想不明白，便凿石为棺，昼夜端坐其中。日日想，年年想，他在一次睡梦中终于豁然开朗，探寻到了成圣的道理——心外无物，心即理也。除此之外，他还在龙场的石洞里留下了一句非常重要的话：“圣人之道，吾性自足。”这句话的含义是，即便是成圣，你也只需向自己的内心寻找力量。

成功者是如何走向卓越的？就是在这样的困难中，浴火重生，一步一步走出来的。创业更是如此，在一些西方国家，创业成功率只有 5% 左右。这意味着一旦你开始创业，人生的绝大部分时间就会面临困难与挑战。

当然，我说这些并不是为了打击广大创业者的创业积极性，而是希望大家能够清醒地认识到这种困难，在最困难的时光中坚持下来。以前我们常说“胜者为王”，其实在创业领域，这个词改为“剩者为王”更为妥帖。它与马云先生“今天很残酷，明天很残酷，后天很美好，绝大多数人倒在了明天晚上”话，说的是同一个意思。有的人有幸等到了光明，而有的人终其一生可能也等不到。

既然今天和明天都很残酷，那么如何才能撑过明天晚上，迎来“后天”的霞光万道？毫无疑问，你需要强大的心力。

认知力层面：问题是绕不过去的

成功永远都是小概率事件，创业者必须对此有足够清醒的认知，理解经历苦难、遭遇挫折才是常态，它们是创业绕不过去的障碍；理解困难对于企业的意义，明白现实残酷之后依旧勇往直前。

在梅花创投投资的这么多项目中，我极少见到一路顺风顺水、无灾无难，最终修成正果的项目，绝大多数项目都会经历各种磨难，有些甚至离破产清算只有一步之遥。

比如，玩蟹科技经历多次转型，最后叶凯拂一拂衣袖，毅然决然地卖掉了“亲生的孩子”，换个阵地重新再来（当然他已经挣到钱了）；趣店的罗敏是个屡败屡战的创业“老兵”，这份苦难让他练就了极其强大的心力，最终才有了在纽约证券交易所敲钟的那一幕；小牛电动的发展更是一路坎坷。没有这些苦难，也就没有创业者在企业上市时的热泪盈眶。

我碰到过很多创业者，他们的能力很强，眼光也很独到，但是意志不够坚定，遇到点儿困难，说不干就不干了。相反，有一种人，他们的心力和抗压能力都很强，就像屡败屡战的罗敏，这样的人即使被打趴下，但是只要他们活着，就能随时爬起来。难吗？当然难，但只要坚持下去，你会发现很多困难也就扛过去了。

罗敏有一个非常好的特点，他遇到问题从来不会绕着走。我们在一起交流的时候，他经常会讲一句话："问题是绕不过去的，能绕过去的都不是真问题。把问题解决了，自己的能力也就提高了。"

困难和挑战就像捆绑销售的强制性消费套餐，你没有选择的余地。既然你选择了创业这条路，就永远不要生出绕过困难的想法。我们要永远记住，目标是星辰大海，困难就是推着我们前行的动力。

心力层面：心力越强大，困难在你的面前就越弱小

创业就像上山打猎，大家一枪打出去，野兽没死，它就会冲过来。别人可以把枪一扔，撒腿就跑，而**创业者就算将最后一颗子弹打完，也必须从腰中拔出柴刀去和野兽拼命**。当与困难狭路相逢时，只能背水一战，在这场"战斗"中，只有心力强大的人，才有可能最终胜出。

我喜欢历史，当其他人闲来无事去酒吧放松时，我会翻阅各种史书。偶

有所得，我便会小酌一杯，怡然自乐，颇有些以史下酒的味道。我的爱好并不限于读中国历史，也爱读世界史。

可能很多人都知道，第二次世界大战中斯大林格勒战役的最终结果是苏联获胜，而在战役开始之前，希特勒就放出狠话，3 个月内拿下斯大林格勒[①]，回柏林过圣诞节。德军也确实曾一度占领了苏联大部分的城市。

对苏联红军来说，困难和压力可想而知，如果扛不过去，就很有可能亡国。心力不够强大的人很有可能马上就垮了。但最后，伟大的苏联红军战士硬生生地死守住了仅存的阵地，并借助天时发起反攻，彻底扭转了局势。

创业如打仗，在**绝境中，创业者真正拥有的核心武器不是资源，而是战胜困难的心力**。心力越强大，困难在你的面前就越弱小；心力越强大，你就越容易得到他人雪中送炭式的援助。

芯片超人姜蕾是创业心学的践行者。2017 年 3 月，姜蕾决定再次创业，并报名参加了我的创业心学实验室创业课程。

其实在此之前，姜蕾虽然是行业里的“老兵”，但在资本运作方面的经验甚少。她见过一些投资人，也拿过大基金的投资意向书，但终因种种问题而进展不顺。因此，有一段时间，她非常排斥见投资人。但姜蕾是一个认知力水平很高、心力很强大的人，这为她后来在创业心学实验室的

① 1961 年改名为伏尔加格勒。——编者注

变化打下了基础。

2019 年 5 月，她在微信朋友圈发布了一条信息："刚来的时候，连模式都说不清楚，学习期间拿到 3 个奖，上完课，认知迭代了，业务进步了，老师变成了投资人，学费变成了奖学金。"

后来在经营芯片超人的实践中，她在认知、资源、资本等方面都取得了显著的成绩。

我自认为是一个好人，但绝不是一个"老好人""滥好人"，我在投资时有自己的选择标准。与能力、智商、情商相比，我更看重创业者的认知力和心力。因为在面临至关重要的问题时，市场考验的常常不是创业者的能力，而是他的认知力和心力。能力再出众，认知不明时也容易迷路，而心力不够强大，仗是永远打不赢的。

请不要轻易地说放弃，不要轻易地向任何内外部困难、力量和限制妥协，只要始终有心力的加持，并且认知正确，再加上坚定地执行，就有希望把不可能变成可能。

用具体事磨炼，方能精进

在进行了长时间的深入研究和系统总结之后，我发现对创业者来说，创业心学是真正能起到指导意义的大智慧。为了让更多的人少走弯路，我便在各种场合，包括在创业心学实验室，将自己关于创业心学的想法，不断地讲授给一些创业者和学员听。

这个过程虽然是慷他人之慨，说的都是阳明先生的智慧，但看到它能得到大家的认同，最重要的是创业者能从中受益且在创业的过程中有所精进，我也感到十分高兴，可谓与有荣焉。其中，像单丹丹、刘老木等人，对此都已经有了非常深入的体悟，并且受益颇丰。但也有一些创业者，对此仍然感觉十分困惑，他们也知道创业心学是怎么回事，甚至平时也能说得煞有介事，但在遇到具体的困难时，还是不知如何是好。

其实，同样的困扰，阳明先生的学生也都经历过。

阳明心学诞生后，王阳明便创立了书院，开始授课讲学。其中有个叫陆澄的学生，问了阳明先生一个问题："平时无事时，觉得自己修为很好，思路清晰，也觉得自己的心力异常强大，甚至想着就算遇到什么事，也能轻松解决。但是真的遇到事情，就会乱了阵脚，什么事都做不成，这是为什么呢？”

阳明先生回答道：“人须在事上磨炼、做功夫，才是真正获益。”

有一位官员在听了阳明先生的心学讲座之后，非常遗憾地对阳明先生说：“你讲得太精彩了，但我身为官员，平日里政务繁多，恐怕以后不能放弃工作来修行了。”

阳明先生听后一乐，说道：“我什么时候让你放弃工作来修行了？工作即修行啊！”

所谓“事上练”，是指人应该在具体的事情上磨炼自己，才能站得稳，有所精进。按照阳明先生的观点，心学不是悬空的，只有当它与具体的实践结合在一起时，才是它最好的归宿。如果抛开具体事情和磨难去修行，反而会处处落空，得不到心学的真谛。

回归到创业层面也是如此，创业者必须在**做决策**、**担责任**、**有输赢**的事情上不断地磨炼自己，他的人生和事业才能获得最大的收获。

做决策

创业过程中需要不断地做决策，创业者的决策水平体现了他的认知力水平和心力强弱，决定的却是企业的前途和命运。做决策是一件非常困难的事情，哪怕你做对了100件事，只要有一件事做错了，就可能前功尽弃。因此，做重大决策往往也最考验创业者的心力，对创业者来说，这也是最好的成长机会。

我见过很多履历光鲜的创业者，有从阿里巴巴出来的，也有从腾讯出来的。仅仅拥有大公司的工作经验，并不足以说服我向他投资，我更关注的是他在这个过程中有没有做过决策，有没有承担过责任，还是说他只是一个执行者、跟随者，或者只是参与投票，而不用为结果负责。如果是后者，那么在我看来，他的心力并没有得到充分的锻炼。

还有一些创业者恰好相反，他们或许并没有大公司的从业经历，不曾在各种行业的顶尖企业中历练，但他们一直以来都处在做决策、担责任的岗位上。或许他们所在的企业发展阶段不同、他们所做的决策有大有小，但只要他们始终承担做决策的角色，就能不断地锻炼自己的能力、认知力和心力。

虽然具体如何做决策不能一概而论，必须根据实际情况综合考虑，但有一些基本原则是通用的。

1. 选更难但更有想象力的那个

真格基金的徐小平是我在投资圈中的好友，我们一起投资了许多项目，其中就包括蜜芽这个项目。他说过这样一句话："当有两件事摆在你的面前时，一件事是你可以轻松上手的，另一件事对你来说有点难，需要你从头学习摸索。别犹豫，选那件难的。"

在被问及原因时，他说自己也不知道为什么，但每次都是那件更难的事情让他取得了更大的成果。

我对徐小平的观点十分认同。作为创业者，**你每做一次艰难而正确的决定，勇气就会增加一分；相反，你每做一次轻松而错误的决定，怯懦就会多一分。**

所以，在人生的每一个重要节点上，当有以上两个选择摆在你的面前时，要选择更有想象力的那个，要选择更难但正确的那个，要选择更有机会让你的人生发生质变的那个，而不是为了安逸，选择更容易、更安全、更简单的那个！

2. 从战略层面考虑

我始终认为，项羽是一位悲情人物，力拔山兮气盖世，在垓下之围之前，几乎每场战斗都取得了胜利，在战场上未逢敌手。但就因为他在战略层面远逊于刘邦，先失人心后失天下，最后一战被刘邦十面埋伏，全面溃败。

做决策需要的是一种整体的、动态的、连续性的思维模式，创业者必须学会在复杂、动态的系统中判断、决策、验证，这就要求创业者拥有更宏观的视角，从战略层面思考问题，别把一个点、一个面的胜利当作真正的胜利，不要用战术上的勤奋掩盖战略上的懒惰。

3. 综合衡量

在大多数情况下，做决策的难点在于没有两全其美的方案，孟子有句话叫“鱼与熊掌不可得兼”，所谓的最优解，只是综合权衡之下相对较好的那个。有些创业者会心存幻想，既想运用 A 方案的策略优势，又希望得到 B 方案的利益，同时却不愿意承担这两个方案的不足。依据我多年的投资经验，这种所谓完美的决策几乎不存在。

当把以上这些都想明白了，你也就掌握了一套系统的做决策的思维方法。接下来，你要做的是在困难中做出正确的决策，在决策中提升自己的认知力，不断地做出更有利于企业发展的决定。

担责任

一位优秀的企业创始人，首先要具有企业家精神，而企业家精神最重要的表现就是担责任。创业者身上背负的并不仅仅是自己的梦想。作为创业者，你迈出创业的第一步，就要对用户负责、对社会负责、对所有支持你梦想的人负责。这种责任是你必须独立承担的。**只有敢于独立承担自己的责任，你的心力和认知力才会得到磨炼，才会有人愿意出手帮助你分担。**

对创业者来说，梅花创投始终扮演着 3 个角色（同时也是我们义不容辞的责任）：第一个是肩膀，我们希望成为创业者的朋友，被他们踩和靠；第二个是眼睛，帮助创业者发现他们还没有发现的趋势和问题，及时给出建议；第三个是桥梁，促进他们与各种资源之间的合作交流。

我始终认为，如果一家投资机构只对创业者提供资金方面的帮助，那是一种不负责任的行为。梅花创投确实会在合适的机会，为创业者提供投后服务，其中包括后续资源的介绍对接，但这绝不意味着我们会包办被投项目此后的所有融资，因为这是创业者应当独立承担的责任，不能本末倒置。我们的角色始终是肩膀、眼睛和桥梁，而不是钱包和取款机。

还有一项责任是创业者应当独立承担的，那就是在“战况”异常胶着的时候，无论他的内心感到多么恐惧、彷徨、沮丧，都不能将这种负面情绪传递给创业队伍。不仅如此，他还要在所有人都找不到方向的时候站出来，发出自己哪怕最微弱的光芒，带领大家往前走，从而增强大家的信心。一个人只有懂得并且能够承担这些责任，才算是获得了真正意义上的成长。

有输赢

没有输过的人永远不能成为一位优秀的创业者，优秀的创业者会不停地判断→决策→出手→验证，在痛苦中不断反思与总结，为赢得下一场比赛的胜利做好准备。

我一直觉得，优秀的投资人都交过学费，只有体会过亏损的疼痛，才能在下一次做出更严格的判断和更谨慎的决定。

我也曾交了不少学费，虽然单笔投资的金额都不算太大，但我对自己的要求比较严格，每失败一个项目都会复盘，想一想：当时为什么投资这个项目，做决定的时候受到哪些因素的影响，项目失败的真实原因是什么。我认为只有交了学费，自觉复盘并从中汲取教训、获得成长，才能成为一位优秀的创业者。

创业者的本质其实就像一个 CPU，运算能力再强，没有足够的数据输入，肯定不会有产出。什么是应该输入的数据信息？当然是有关输赢的信息。没输过，不足以谈创业，虽然你可以通过别人的经验和教训助力自己的成长，但更好的方式一定是从自己做的事情中总结输赢背后的原因。罗敏正是亲自下场输了多次后，才成功地创办了趣店。

创业者必须经常进行反思和复盘，从输赢中得到启发并将其运用在日后的实践中。这是一个反复验证的过程，创业者的心力由此得以增强。

真正的成长永远隐藏在做事的过程中。一个人，如果不在做事中磨炼，那么他的内部认知和这些认知在外部世界投射出来的影像就相对简单、单薄。这种简单、单薄还会形成一种恶性循环，使他没有更多的机会去觉察自己在认知方面存在的不足。通过做事磨炼自己，也是一个不断颠覆认知局限和跨越障碍的过程，一个人只有经历了这个过程，才有机会颠覆自己、超越自己。

面对不可挽回的事情，快速忘记

时间是条单行线，过去了就过去了，后悔、纠结都没有意义。如果一切都已不可挽回，那么沉迷于过去，就会既丢了现在，也失了未来。

王阳明从年少起，学的便是儒家济世救民的道理，步入仕途之后，他也心怀天下，希望能够镇守一方，造福百姓。但是迫于形势，他又屡次被朝堂征召平乱。

1519 年，宁王朱宸濠在江西南昌造反，王阳明奉命平定叛乱。在这次平定叛乱的过程中，王阳明曾动用火攻在南昌消灭了 3 万多名叛兵，最终生擒宁王。当周围人纷纷庆贺时，王阳明却因为 3 万多条生命转瞬逝去而闷闷不乐、茶饭不思，甚至出现头晕目眩、恶心呕吐等症状。

但他也很快就想明白了，火攻是无奈之举，战争中的伤亡在所难免。如果不用火攻快速平定叛乱，一旦战火蔓延，会有更多的无辜百姓蒙难。事已至此，纠结、懊悔都徒劳无益，于是他很快调整好心态，投入到战后安顿难民、清剿残余势力、恢复战后秩序中来。

阳明先生曾言:“只存得此心常见在,便是学。过去未来事,思之何益?徒放心耳。”只要常存养此心,就能经常觉察到心的存在,这就是做学问。已经过去的事和那些还未发生的事,想它有什么益处吗?这样胡思乱想,只会白白丢失清明的本心。

创业不可能一帆风顺,人人都会有痛苦和纠结,面对这些一定要懂得放下,你越在意,心里就越乱,整个人就会被杂念控制。往者不可谏,来者犹可追。对创业者来说,最好的选择就是快速忘记,与自己和解。

接受失败,快速忘记

我在刚创业的那段时间,还没有接触阳明心学。那时的我,在遇到困难或者遭遇失败后,总喜欢和自己较劲,沉浸其中,难以自拔。研究阳明心学之后,我发现这种情况大多缘于心力不够强大。这就像电脑的 CPU 容量太小一样,经常容易死机,丧失处理问题的能力。

这是创业者的大忌,如果你始终不能与自己和解,一直沉浸在失败的消极情绪中,便会稀释团队的黏性和削弱成员的信心,让支持你的人产生局面失控的担心,让一直注视着你的人不知所措……无论从哪个角度来看,这都不是一个成熟的、优秀的创业者应有的表现。

人生的高度,并不取决于你曾经攀登过哪座高峰,而是取决于你是否具备由高峰跌到低谷的承压力和反弹力。对创业者来说,这种反弹力有一个大前提:在事情发生之后,能够迅速整理情绪、调整心态,接受失败。所谓

“胜不骄，败不馁”，说的就是这个道理。

我一路见证了罗敏的成长。两次创业失败后，他找到我，当时我觉得经过这几年的磨炼，他的认知力和心力提升得都很快，于是便投资了他的项目，但是很快就失败了，后来我又投资了他的第二个项目，结果依然没做成。失败没关系，只要他能有所成长就行。他要做趣分期时依然来找我，我便抱着试错的态度又投资了一点钱。后来的事情大家都知道了，趣分期就是趣店的前身。

在这个过程中，罗敏有一点很打动我。在他那里，你从来听不到任何抱怨，虽然他经历过多次挫折，但你也不会从他的身上感受到那种沮丧的情绪。相反，他对事情的认知反而有了很大的提升，看事情的角度和高度都不一样了，对自我的认知也变得更加全面了。

他与叶凯一样，心力非常强大，在失败的时候还能够继续“吹牛”，似乎完全不受失败的任何影响。这在创业者身上难能可贵，很多人稍微遇到点挫折，便垂头丧气、抱怨连天，或者将责任全部推到一些客观因素上。罗敏则与其截然相反，失败了？好，继续再来。我经常拿他打趣：“这真是一个健忘的人，忘得竟然比我这个投资人都快。”

别让以前的事情影响以后的决策

我首次创业是在 2002 年，做的是视频广告系统，后来去百度待了很短的一段时间。离职后，我和朋友一起开发企业通信工具，苦干了几年，没有人愿意投资给我们，后来我决定与陈华做酷讯网。酷讯网的前期发展十分顺利，我们很快便见到了第一位投资人，并获得了投资。能够得到主流资本市场的认可，我和陈华都感到很兴奋。当然，后来的事情大家都知道了。

这些年来，真正让我感到遗憾的事情中，酷讯网经营失败算是其中之一。这件事结束之后，我们也复盘过很多次，寻找过失败的真正原因。现在想来，如果当时有支持创业者的超级天使，酷讯网的结局或许就会不同。虽然这件事算不上是我的一个心结，但的确是一个遗憾，这也是促使我转型做天使投资人的动力之一。

后来有人问我："你在做了投资人之后，会因为之前经营酷讯网的经历影响投资决策吗？会不会只投资自己熟悉的行业？"

我给出的答案是："对我来说，无论创业还是投资，酷讯网都是一个很重要的起点，但是人总是要向前走的。你从经验中总结并学习，又不能太依赖经验。如果我只投资从酷讯网出来的人，只投资自己熟悉的行业和领域，我的思维很快就会固化。"

我不仅是这样说的，也是这样做的。纵观梅花创投在这些年投资过的项目，其中涵盖了很多领域，如消费、内容、硬科技、企业服务、游戏、金融等。我们不限领域、不限方向，唯一的标准就是选择合适的人。

对创业者来说，任何一次创业失败都使其在心理、身体、社会关系、家

庭关系以及个人财富方面遭受一次或重或轻的创伤，都会给他的认知打上一些烙印。这种烙印会逐渐变成他的一种心智模式，给他的思考和行动设限。

创业心学强调的是“事上练，难上得”，创业者要想增强心力，就必须打破过往经历的限制，不让以前的事情影响以后的判断和决策。电影《霸王别姬》中有句话令我记忆犹新：“人，得自己成全自己。”对创业者来说，**再辉煌的胜利和再惨烈的失败，也都只能证明昨天的自己**。最好的成全，就是挥手和过去告别，别让以前的“漏洞”影响系统以后的运行。

战略性忽略

快速忘记还有一层含义，叫作“战略性忽略”，我们先来看看《传习录》中记载的这个故事。

> 王阳明的弟子曾经向他提了这样一个问题：“老师，我要如何清除心中的杂草？”
>
> 阳明先生的回答是：“杂草有害，当然要清除，但是如果偶尔没有清理干净也不要把它放在心上，你越在意，心里就会越乱，心中总想着那一片未除的杂草，你的心中就会杂念丛生。”

这个道理就像玩游戏一样，你要逐级打通各个关卡。刚开始，当你的级别不足以与一个20级的对手相抗衡时，别人随便出个招，就会让你觉得无力招架。在这个时候，我的建议是不妨战略性忽略，先将其搁置，暂时不去管它。

等你自己升到20级，有能力与高级别的对手相抗衡时，你就会确定更高的目标，去挑战更高水平的对手，不断升级，不断征服，从而获胜。这个过程正是提升认知力和增强心力的过程。这样一级一级地往上升，假以时日，你便会发现自己好像登上了无数座山峰。回头一看，一览众山小。

对创业者来说，很多阶段性问题在当时是无法解决的。例如，在问题A发生之后，如果你拿出解决方案B，便会带来C、D、E等诸多新问题。在你想办法分别解决C、D、E等问题时，你又会发现C带来了C_1、C_2、C_3等问题，D带来了D_1、D_2、D_3等问题……这便导致新问题越来越多。其实，在应对类似问题A这种阶段性问题时，最好的方案并不是解决A，而是暂时忽略A，至少它在当前阶段是不重要的。

很多公司在初创时期百废待兴，只要仔细观察，你就会发现到处都是问题和漏洞。这时，你只能用**发展掩盖问题，用时间转移问题，让问题不再成为问题**。例如，做父母的都知道，孩子在青少年时期总会做出各种叛逆行为。这时，管教得越严，往往越容易激化矛盾，不如给他一点自由，对他的选择表示足够的尊重，等他稍大一些明白事理了，青春期的叛逆行为也就消失了。

重新理解“一万小时定律”

经常玩游戏的人都知道，角色等级越高，升级所需的经验值就越高，此后遇到的敌人也会越来越强大，别提大 BOSS[①]，就连小怪也很难缠。创业未尝不是如此。

> 我曾经在微信朋友圈发过一条信息：“一旦你踏上创业之路，日子会一天比一天艰难，因为要解决的问题一个比一个大，遇到的问题难度系数也在不断提高。所以，每一天都是创业之后接下来的时间里最轻松的一天。”

更可怕的是，游戏输了还能重来，创业失败了却没有“重来一次”的按钮，它只会让创业者付出更大的代价去弥补。如何应对？创业者只有升级自己的装备，添加各种技能属性，才能提升自己的战斗力，降维攻击，拿到高分，打倒 BOSS。

炼成、升级各种技能并不容易，有人说，你要练习，不断地练习，多刷

① 游戏中首领级别的守关怪物。

副本，熟能生巧，勤能补拙，只要你投入足够多的时间，就能从青铜炼成王者，但事情真是这样的吗？

> 作家马尔科姆·格拉德威尔（Malcolm Gladwell）在《异类》（*Outliers: The Story of Success*）一书中，提出了广为人知的“一万小时定律”。在他看来，“人们眼中的天才之所以卓越非凡，并非天资超人一等，而是付出了持续不断的努力。一万小时的锤炼是任何人从平凡变成世界级大师的必要条件。”

这就是大家经常说的“一万小时定律”。但请大家注意，他说的是必要条件，并非唯一条件，这个世界从不缺少那些在一个领域埋头干10年、20年的人，但真正的“世界级大师”“世界范围内的顶级高手”少之又少。

有段时间，王健林排得满满当当的行程表在微信朋友圈中被广泛传播。说句实话，在创业者中像王健林这样勤奋的人有很多，所谓工作“996”“007”[①]对他们来说都是家常便饭，包括我也经常说，“创业要有劳动人民的身体”。但勤奋到位了，最后真正能够达到王健林那个级别的人，仍是凤毛麟角。我并不是说勤奋不重要，而是想告诉大家，有些东西要优先于勤奋。

有难度的一万小时

创业心学同样强调“事上练”，如果你能抓住精髓就会发现，还有一句是

① 网络用语，意指每天工作24小时，0点上班，0点下班，每周7天都在工作。

“难上得”。在我看来，“一万小时定律”需要一个大前提——有难度的一万小时。下面的这个小故事，或许能让你想明白个中道理。

拿破仑身边有一个跟随他南征北战10年之久的老兵，有一天他问拿破仑：“我在你的身边跟随你征战了10年，为什么别人都升官了，而我还只是个小兵？”

拿破仑没有直接回答他，而是指了指营帐前的驴子，说道：“你看到那头驴了吗？它在我的身边跟了20年，可它还是头驴。”

很多看似简单的大道理，恰恰就是陷阱。从长期来看，做没有困难和挑战的事情，对人的成长没有任何帮助。例如，某人的爱好是打壁球，但是即便他与朋友打了一万小时的壁球，他也不能成为世界冠军。他必须不断地去挑战那些球技更高超、更专业的选手，才有可能获得真正的成长。

创业也是同样的道理。你只有不断地经过困难的磨砺，才能暴露自己的不足和弱点，并且有针对性地加以改进和优化。我经常说：“**人生除了生死，再大的磨难都是擦伤。那些困难的事情，只要不能置你于死地，都是在为你磨刀，给你练功的机会。**”只有不断地克服困难，在困难中锻炼能力、磨砺心性，“一万小时定律”才能够成立。

有针对性的刻意练习

普通司机与专业赛车手有什么区别？有人肯定会说："专业赛车手更厉害。"这个答案当然没问题，那么是什么造成了这种结果呢？天赋？身体素质？投入的时间？训练的环境？或许以上答案都对，但我认为最重要的是，专业赛车手要经过非常系统、专业的练习，有针对性地提升某些技巧和能力。千万次反复的刻意练习，能让身体形成某种记忆和本能，从而帮助专业赛车手应对更高难度的挑战。

相对而言，普通司机只需要点火踩油门，然后安全地把车开到目的地就好。两者最大的区别在于，前者是刻意提升，后者是自动完成。

真正决定人与人之间水平高低的并不是工作时间的长短，而是真正用于刻意练习的时间。没有针对性的刻意练习，就相当于没有球门、对着空气狂练任意球一样，你无法通过结果纠正和诊断自己的学习。

为什么有的人创业 10 年还是没有多大的长进，而有的人你每见他一次，你都会觉得在他的身上发生了一次豹变，只要两年的时间，他就已经变得足够优秀？两者的区别就在于：前者一直处于无意识状态，碰到一个问题解决一个问题，有的甚至不断地重复自己已经做过的事情，不曾进行任何系统性思考；后者是在不断地进行有针对性的刻意练习。比如：欠缺决策能力，就提升决策能力；思维能力不行，就训练思维能力；在某方面存在知识盲区，就在这方面加大输入力度；等等。通过对结果的不断反馈、思考和验证，他们不断地挑战自己所能到达的极限，最终让自己的心力得到优化、升级和迭代。

避免“能力陷阱”

人总会不自觉地选择自己最擅长的事情，遇到困难，有意识地绕道而行，最后陷入单一能力、单一领域的桎梏。其结果就是，你越在一个方向上努力，你可能离成功就越远。我将这种情况称为创业者的“能力陷阱”。

在我们周围，你总能发现一些忙碌的创业者，每天工作十几小时，只要企业不倒闭，他们似乎就停不下来。结果，他们越勤奋、越忙碌，反而越将自己的技能收缩在一个跑道上。“一万小时定律”在他们身上非但没有显现出应有的作用，让他们成为职场赢家，反而束缚了他们的手脚，让他们无暇思考。

创业者的固化，如思维固化、能力固化或认知固化，都有可能让企业陷入万劫不复的境地。创业者必须足够开放，才有可能获得更多的机会。

花点时间是梅花创投投资的一个项目，几乎每个月都在以翻番的速度增长，2018 年增长了近 200 倍，现在已经是国内销售排行第一的月订鲜花品牌电商。

我之所以会选择花点时间，看中的正是其创始人朱月怡的认知迭代能力。她曾是易到用车的联合创始人，我第一次见她时，她已经从易到离职，准备二次创业。经过简单的交流，我便认定她是我要找的人。

不管从对市场的理解来看还是从过往的经历来看，我都觉得朱月怡是最合适做“无用美学”这件事的人。她的思维十分开放，是个交过学费、

“打过仗”的人，最难能可贵的是，她的思维并没有被局限在自己的经历中，总喜欢与比自己更强的人沟通，寻找自己的不足，不断地突破自己的认知边界。

聊了半小时之后，我就决定向她投资，当天就在我的办公室内签完了协议。这个项目的 A 轮和 B 轮融资，梅花创投都跟投了。

再次强调，创业是一场在未知世界里的冒险，很多领域的边界都需要探索，甚至整个领域都可以通过移动互联网、5G 等新技术重新做一遍。当然，无论是有难度的一万小时还是刻意练习、跳出舒适区做自己不擅长的事，都意味着反本能、反直觉、反习惯、反人性，必然会给创业者带来不适感甚至痛苦，但这是打磨心力的唯一路径。

修为配得上，才能立得住

有人曾问雷军一个问题：“为什么别人（创业）看上去都挺顺利，而我这么不顺？”雷军回答了一句很有见地的话，他说：“因为所有人在谈创业的时候都简化了过程。”

我认为，创业是和平时期最绚烂、最刺激的一种生活方式。在这个过程中，你会体味到各种酸甜苦辣、悲欢荣辱。无论成败，你都必须承认，创业已经最大限度地拓展了生命的深度和广度。与此同时，这也决定了没有谁的创业是容易的。只是成功者在成功后隐去了不足为外人道的过程，但这其中必然充满煎熬与折磨。

阳明先生讲：“千圣皆过影，良知乃吾师。”古往今来的圣贤都已成为历史，你的成就只与你的良知有关。中国自古就有“德不配位，必有余殃”的说法，对创业者来说，良知和“德”不仅与我在第 4 章中说过的道德、责任感、使命感有关，也与个人的修为有关。只有你的修为配得上你的梦想、“野心”和你正在做的事情，它才有可能守得住、立得住。

修为之外的一切都是零

在我个人的创业经历中，酷讯网是个极为重要的里程碑。我第一次获得那么多投资机构的资金，足有1000多万美元，而且招募了很多优秀的人才，后来从酷讯网走出了很多优秀的创业者。例如，字节跳动的张一鸣和小猪短租的陈驰等。

那时候，我和陈华的修为都不够，在取得阶段性的胜利之后，并没有把握住机会，把颇有想象空间的项目做好，其实挺可惜的。但我们也不会惋惜自己错过了成为独角兽的机会，与10亿美元擦肩而过。在我看来，该是你的就是你的，因为修为不够而不该是你的，即使机会摆在面前，你也把握不住，只能眼睁睁地看着它从指缝中溜走，这个道理我在那时就懂了。

修为之外的一切都是零。我曾无数次目睹很多创业者当初靠运气挣的钱，最后靠自己的“努力”亏掉了。

现在梅花创投接触的很多赛道和项目，都在反复验证这一点。如果创始人的认知力和心力水平都有所欠缺，无法驾驭当前的局面，或者项目的成长速度超过了创始人的成长速度，就会压垮创始人，让他们屡出错招，最后的结果还是守不住。

功夫在事外

我的投资风格是喜欢以快打快，有同事还专门做过统计，说我投资决策的平均时间是 30 分钟，最快的一次，从创业者介绍项目到我确定投资只用了 5 分钟。这是一个真实的故事，我那天见的创业者是创业心学实验室 2 期学员张世凯。

张世凯是个“90 后”小伙子，大学毕业后就在装修家具行业创业，他找我聊的是一个基于共享经济的办公租赁平台，名字叫“开工大吉”，这个项目致力于提升办公体验和降低办公风险。

我给了他 5 分钟的面谈时间，让他先介绍一下开工大吉的商业模式。其实，我当时的想法只是先了解一下这个年轻人，是否投资还有待观察。在这短短的 5 分钟时间里，张世凯条理清晰、简明扼要地向我阐述了开工大吉的商业模式，我从他的身上看到一种与他的年龄不相符的成熟与韧劲，而且他的心力极其强大。既然看对了眼，我当即拍板确定了对开工大吉的投资意向，并给了一些建议。

现在看来，我当初并没有看错人。在获得梅花创投的投资后，开工大吉的业务进展飞快，在短短两个月的时间里，增长速度便翻了一番，很快便又拿到了下一轮融资。

这件事在 2 期学员中引起了较大的反响，其他学员对张世凯印象深刻且极为佩服，私下聊天时，经常听他们说：“这哥们特牛，面试 5 分钟就获得了吴老师近千万元的天使轮投资。”

从表面上看，这确实是个在 5 分钟内发生的故事，看起来没有什么条理和公式，但“台上一分钟，台下十年功”，真正的功夫都在事外。

投资是一件非常理性、严谨的事情，容不得半点马虎，从来没有“瞎猫碰上死耗子”这回事。在看项目之前，我一定会先让自己“沉浸”在这个行业里，投入大量的时间和精力对这个行业进行充分的调研和判断，然后确定是否在此领域内投资。

为了充分了解行业，我几乎每天都要看几十个项目。只有这样，我才能了解在这个赛道上的创业者都在想些什么，市场又需要什么。

正如狙击手的手感都是用子弹练出来的一样，当你深入研究了足够多的行业、见过了足够多的人和了解了足够多的项目之后，就会形成一定的“投资手感”，击中目标的可能性才会大得多。也正因为如此，在与创业者交流的时候，我才能有底气地说：“你要做的事情我知道，请直接告诉我，你与其他人有什么区别就行了。”

总之，“快”并不是梅花创投的打法，它的前提是“准”。如果仅有“快”没有“准”，梅花创投便极有可能在资本寒冬中过早地凋零，更别提如今的小有成就了。

拥有荣耀或者收获结果的最好办法，就是通过努力让自己配得上它。无论创业者还是投资人，都需要如狙击手般的有效训练。唯有如此，你才能对行业、市场、用户和具体问题保持敏锐的洞察力，你的能力、认知力和心力才能配得上你取得的市场位置，而不是朝生夕死，打一枪换一个地方。

在困难中豹变

很多朋友都和我说："创业初期最苦，要找人、找资金、找资源，还要理顺各种关系。"在我看来，这仅是万里长征走出的第一步。如果你真的踏上了创业的征程，就会发现创业最难的部分永远不在开始。

创业开始容易，过程艰难，收场更难。你只有在无比艰难的过程中，不断地提升认知力和增强心力，让自己的成长速度追上甚至超过企业的发展速度，才有可能妥善处理不断出现并且越来越复杂的各种难题。

一直以来，我都觉得罗敏身上有很多特质值得其他创业者学习。其中有一点就是，他在困难中的豹变能力。

罗敏身上的标签有很多，最广为人知的一个就是"连续创业者，屡战屡败、屡败屡战"。在趣店之前，从底片网、记忆日、豪车团购、在线学习等项目开始，罗敏亲手做起了十几个项目，又亲手一个又一个地终结了这些项目。

这些体现了创业者敢于创新、不怕试错、快速迭代的能力，当然更难能可贵的是他的自愈和成长能力。罗敏讲过，他的这种能力并非与生俱来，而是在创业过程中练出来的。

现在，罗敏的心态已经非常成熟，他处事果断、行动力强，对困难和失败也没有任何心理负担。

我相信每一位创业者都不愿意遭遇失败和面对困难，这种事情放到谁的身上都是令人头疼的难题。幸运的是，罗敏不仅一次次地闯了过来，还由此获得了全新的成长。从创业心学的角度来看，这种成长其实就是认知力和心力的豹变。在此之后，他对自己的能力边界和做事方法都有了更高维度的思考和更清晰的判断。

我一直认为，困难和挑战更像是大浪淘沙，它会帮助市场淘汰一大批意志不坚定、心力不够强大的创业者。只要你不被打垮，别人垮下的时候，你就有了赢的机会。当然，前提是你必须经历一次又一次的豹变，完成认知力和心力的升级与迭代。

第六章
此心不动，随机而动：在动与不动之间达成平衡

《传习录》中讲：“人须在事上磨，方立得住；方能静亦定，动亦定。”在正常情况下，人会因为外界的刺激而起心动念，进而影响做出的判断和决策。而“事上练”，就是要通过各种磨炼，达到“此心不动，随机而动”的状态，这样，创业者在整个创业过程中才能更从容、更专注、更有力量。

创业之心千万不能“乱动”“妄动”

“心”是阳明心学的核心，也是一切问题的出发点和最终归宿。那么，“心”是什么？阳明先生在《传习录》中说过，有“心”的只能是活人，死人是没有“心”的，而活人与死人最大的差异就在于是否能够“觉知”，所以“心”其实就是我们的“觉知”能力。

在正常情况下，人都会因为外界环境的变化、刺激而起心动念。具体到创业活动中，当你看到一个别人没有看到的机会时，你会抑制不住地生出“欢喜”“兴奋”之情；当你孤注一掷，外界给你的却都是负向反馈，所有人以及相关数据都在说“你做得不好”时，你会生出“恐惧”“挫败”“自我怀疑”之心；当你面对空前巨大的诱惑时，你会生出“贪婪”之心，等等，这些都是起心动念的表现。

心是无常的、随时都在变化的，有时甚至是不受控制的——认知力水平不够、心力不够强大的人，他的修为也就到此为止了。一颗心随着环境的刺激和情绪的变化无时无刻不在妄动，而我们要修炼的就是遇到事情不起心动念、遇到机会也不轻易放过的心性，即阳明先生所讲的“此心不动，随机而动”。

在王阳明的军功史上，平定宁王朱宸濠叛乱是浓墨重彩的一笔，并且整个过程也给我们展示了一场教科书级的“此心不动”对“此心乱动”的全面碾压。

本来，宁王苦心经营多年，王阳明方面却缺兵、缺将、缺武器，两相对比之下，王阳明并不占优势。所以听到宁王叛乱的消息后，王阳明马上采取了行动：第一，发布告示招募义兵；第二，联系江西方面的官员打造兵船武器。

但远水解不了近渴，王阳明很快意识到一个问题——时间不够。并且，一旦宁王顺江而下攻取南京——这其实也正是宁王下一步的打算，对王阳明来讲，整个局面就将无法收拾。情势危急之下，王阳明“自作主张”：传令各州府，到处张贴榜文，虚张声势，宣称朝廷派了 8 万大军，加上自己招募的义兵，总共 20 万人的军队，不日就将进攻南昌。

南昌是宁王的老巢。这些虚假消息和情报传到宁王的耳中后，他既慌张又犹豫，于是停下攻取南京的步伐，下令兵马就地待命。这就给了王阳明十几天的备战时间。十几天后，当宁王意识到自己上当受骗，再次下令进军时，王阳明已经用这个时间差做好了应战的准备。

几天之后，宁王的军队抵达了兵家必争之地安庆。当时，摆在王阳明面前的选择有两个：一个是驰援安庆；另一个是进攻南昌。他身边人的意见很一致，必须驰援安庆。他们的理由也很充分：宁王盘踞南昌多年，根基牢固、实力雄厚，并且南昌是宁王的老巢，那里肯定守备森严，很难攻下；而驰援安庆，正好可以和安庆的守军里应外合，前后夹击，以逸待劳，消灭宁王的力量。

在大家看来，这是最正确的选择。但是王阳明经过慎重的思考，做出了一个决定：进攻南昌。正是这个决定为王阳明取得最终的胜利奠定了基础——宁王回援南昌，王阳明一路设伏，生擒宁王。

其实，在整个平定宁王叛乱的过程中，还有很多细节可以表现出王阳明的此心不动和宁王的此心乱动，囿于篇幅，在此不做细述。

在动与不动之间达成平衡

心力不够强大的人容易沉不住气，看见的也都是自己的“妄念”在事物上的投射，而不是事物本来的样子。这样做决定或者采取行动，就容易出问题。而心力强大的人可以化繁为简，抓住事物的本质。就像老子讲的“治大国，若烹小鲜”，行军打仗也是一样。对王阳明来说，平定叛乱、指挥千军万马这些关系重大的事情，和幼年时在饭桌上用果核排兵布阵一样，一通百通。

创业当然也是如此，我们前面讲“事上练”，其实“事上练”本身不是目的，目的是创业者要通过这种特殊的训练提升自己的心力水平，达到“此心不动，随机而动”的状态。讲到这一点的时候，有的学员会疑惑：“此心不动”和“随机而动”不矛盾吗？还是它们本来就是割裂开的？

其实，如果认真研究阳明心学，你就会发现这两点并不矛盾，更不能割裂地看。事实上，“此心不动，随机而动”是在动与不动之间达成的一种平衡状态。就是在面对任何事情时，只有确保内心不妄动，不起心动念，不做预设，不提前下结论，在遇到突发状况和意外困难时，才能不乱方寸，不自乱阵脚，进而抽丝剥茧，看清事物的本质，做出正确的判断和决策，把握真正的机会。

还是以王阳明和宁王朱宸濠为例。宁王正是因为心不定，内心修炼不够火候，所以一有风吹草动便自乱阵脚，一步步走向败局。而王阳明一边云淡风轻地讲学育人（这是此心不动），一边或巧施妙计、或指挥千军万马（这是随机而动），最终化被动为主动，一步步走向之前看似不可能实现的胜利。

避免此心乱动

我们从这里也不难看出，“此心不动，随机而动”的对立面就是“此心乱动”。在创业活动中最怕的就是创业者“此心乱动”。这样的创业者，通常没有足够丰富的经验，达不到上面所说的那种平衡的状态，所以常常不够从容。

回顾一下我的职业生涯，打工 5 年，创业 10 年，做投资 9 年。虽然过程中有一些波折，但我自认没有走过大的弯路，并且能够一直保持稳步上升的状态。之所以有这个结果，正是因为在每个阶段，我都努力让自己有足够的积淀，让自己的认知力和心力获得相应的提升。经过一些事情的磨炼，我拥有足够多的耐心，在最困难或最难熬的时候坚持下来，在有机会的时候成功地抓住机会，从而取得一些成绩。

除了困难，创业者还会面临各种各样的诱惑。为什么此心会动？因为外界经常会有声音告诉你干什么容易赚钱，哪个地方有快钱可以赚，哪个地方有轻松的工作……

此心动了，恰恰说明你做选择时的意志不够坚定，你没有完整的认知体系或者足够强大的心力支撑你去往你所选择的方向，并且你在这个方向上前进时没有足够的积淀，还达不到此心不动的状态。你的心是飘的、意志是不坚定的，你对事情的理解总是停留在浅层次上。因此，你做的很多选择和决定都只能在短期内奏效，而无法长期有效。

在创业过程中，有哪些行为是常见的此心妄动、乱动，而不是真正的随机而动呢？

1. 看到风口一拥而上

这几年，团购、打车、共享单车等各种风口轮番出现，看似是大机会，但创业者一旦盲目追逐，就会“眼见他起高楼，眼见他宴宾客，眼见他楼塌了”，整个创业过程很刺激，结果很残酷，大多数项目半路夭折。

2. 因媒体和同行的鼓吹而影响战略决策

在创业的过程中，创业者会听到来自外界的各种各样的声音，员工的、合伙人的、投资人的，甚至亲朋好友或者各种创业导师的，当然还有媒体和同行的各种鼓吹和报道。如果创业者被这些声音轻易地影响从而做出草率的战略决策，就是心动。一个人心中没有搭建起认知系统，他就很容易左右摇摆。

3. 只看方向，忽略团队能力

团队很关键，一个企业 90% 的价值集中在创业团队上。所以，如果忽略团队能力而只看方向，那也是毫无意义的起心动念，毕竟没有团队成员的携手共进，什么都做不出来。

4. 遇到困难就打退堂鼓

这两年，外界普遍的反应就是遇到了资本寒冬、经济寒冬，所以创业难，守业更难。很多创业者要么不敢行动，要么畏缩不前，甚至在心里提前做好了放弃的打算。但寒冬中就真的没有机会吗？

1999 年，我踏入互联网行业，之后赶上了互联网泡沫破灭，但是 1999 年到 2001 年，BAT① 诞生了；2008 年金融危机，又一次出现了资本寒冬，结果是移动互联网“大爆炸”，在很多垂直领域都“炸”出了巨头。

我也是在 2008 年从创业者变成天使投资人的，我在过去的 10 年里投资了 350 多家企业，投资金额超过 30 亿元，但没有一家企业的发展是顺风顺水的。

2015 年，福佑卡车在账上没钱、发展缓慢的情况下咬牙坚持；罗敏 5 次创业失败，我们向他投资了 3 次；小牛电动找不到下一轮投资人，我们只能自己投资了 4 轮……

---

① B 指百度，A 指阿里巴巴，T 指腾讯。

有高峰，有低谷，有困难，但也有机会，历史就是这样不断重复着上演。

所以，无论创业还是投资，困难或寒冬从来都不是问题，关键在于我们能否坚持下去，能否做时间的朋友。成功的关键并不在于你是在低谷期或是在爆发期进入这个行业，更多的是看你能否坚持在一个行业里做好自己，用长时间的铺垫和耐得住寂寞的心态去捕捉机会。

5. 不断逐利换方向

专注是创业者最稀缺的品质。很多创业者找到一个方向后，做了 1 个月，看到有其他的赚钱机会，便不考虑自己的实际情况，马上改变方向；做了 3 个月，不行，发现了另一个赚钱的机会，立马又扑过去……

对任何公司来讲，这都是非常可怕的事情。就像挖隧道一样，如果这个方向挖一阵，那个方向挖一阵，最后你挖出的不是隧道，而是一座迷宫，根本起不到隧道的作用。

总之，心妄动，人就妄动，事自然也妄动。这是创业者必须打破的桎梏。按照阳明心学的观点，“事上练”之后，我们必须达到一种状态：遇事波澜不惊，行动训练有素。只有这样，创业者才能在整个创业过程中更从容、更专注、更有力量。

所谓“此心不动，随机而动”，说的就是这种境界！

勿忘初心，慎待风口

近些年来，互联网金融、区块链、有机农业、共享单车……几乎每年都会有一个风口出现，也几乎每年都会被标记成“××元年”。在这些所谓的风口上，追风的创业者前仆后继、风起云涌，每个人都想借着东风搅起一池春水。寻找和窥视“下一个风口”，也成了资本和创业者乐此不疲的游戏。

毫无疑问，这些年来，估值能做到百亿美元以上的超级独角兽，几乎都离不开巨大风口的催化。比如，小米公司赶上了智能手机、移动互联网的风口，美团网赶上了O2O的风口，滴滴出行赶上了共享经济的风口，今日头条赶上了内容分发洗牌的风口……

以上种种，无一例外都证明了一件事：风口是制造财富和神话的地方。但是，如果你能够不断地提升自己的认知力，增强自己的心力，就能够透过神话的光芒，看到阴影——这些独角兽都是踩着无数竞争者一步步做起来的。更可怕的是，**能成功登顶的只有坚持到最后的那个人，如果盲目追风，很可能就成了别人的垫脚石。**

专注行业，谨慎对待风口

此前说过，有书的创始人雷文涛是我在创业黑马结识的黑马成长营6期学员。在遇见我之前，他见了50多位投资人，但都没有获得融资。在确定对他的投资意向之前，我问过他这样一个问题：“如果这次再拿不到融资，你会怎么办？”

他的回答也是让我对他印象深刻的原因之一，他说：“房子已经卖了，拿不到，我就继续创业。”在说这句话时，他的语气很平淡，但我能从中感受到他内心的强大力量。

其实，有书并不是雷文涛的第一个创业项目。在此之前，他还有过两段创业经历，一次是在教育领域，另一次是做团购。

教育领域是雷文涛的“基因”所在，他创业之前的职业经历也大多与教育有关。换句话讲，做教育是雷文涛最擅长的事情。2006年前后，随着国内互联网浪潮的兴起，雷文涛创办了中华英才实验室，开始了他的第一次创业历程。也正是这次经历，让他赚到了人生的第一桶金。

到了2011年，互联网团购成为最大的风口。在那一年，出现了“百团大战”“千团大战”甚至“万团大战”，大多数团购网站都表现得极为疯狂，手里有多少钱就补贴多少钱，毫不顾及现金流。雷文涛也没能经受住“蓝海的诱惑”，离开个人十分热爱并擅长的老阵地教育领域，一头扎进了团购行业。他创办了美丽生活网，也踩进了创业生涯的第一个大坑。

然而，团购的风口并没有持续太久，很快便出现了全行业的震荡和洗牌，强者通吃，弱者要么被吃，要么选择继续补贴，苟延残喘。作为一名标准的团购“新兵”，雷文涛没有多少行业经验和积累，在坚持了一段时间之后，无奈地投子认负，于 2013 年选择退出团购行业。

对于这段往事，雷文涛并不讳言。他在事后进行了多次复盘，认知力和心力都得到了明显的提升，他本人也有了更加全面和深刻的思考。

按照他的说法："创业还是要找到自己的‘基因’所在，把自己热爱的和擅长的结合起来是一件特别重要的事情。不能一味地追逐商业热潮，团购来了追团购，O2O 来了追 O2O，这样就可能什么也追不着。"

休养生息几年之后，雷文涛经过慎重的考虑决定再度创业，这一次他选择的赛道是文化服务行业。这个决定，一方面与他的过往经历相关，算是找回了自己的创业‘基因’；另一方面，他告诉我："国民阅读量偏低是目前的社会问题，未来社会的发展必然伴随着国民阅读状况的改善，大方向不会错。"

其实，很多创业者也都明白专注的道理，但是看到风口来了，无数人一拥而上，每个人都想去分一杯羹。如果这个风口与自己的原赛道完全没有关系，这个诱惑或许还能抵挡得住。最怕的就是一些离风口比较近、稍微努努力就能触及风口的行业的创业者，如果这个时候创业者的心力不够强大，就有可能经受不住诱惑。

很多人都问过我关于风口的问题，而我一直都认为：**大赛道、大风口，**

从来都是毁灭财富的地方。“千播大战”“千团大战”、共享单车的颜色之争……每次都耽误一批人，也造成社会资源的大量浪费。反倒是在热点分散的时候，理性的创业者凭借自己对赛道的深刻认知，更容易做出一番成果。

在中国，任何小的细分人群都有两三千万以上的人口基数，可能比一些国家的总人口还要多，只要你将事业做深、做透，就有可能把公司做大、做强。抓住发展良机，完全没必要一窝蜂地扎进风口里。

谁都知道，水深、浪急、风大的地方，恰恰有特别肥美的鱼，所以这些地方诱惑极大。我们可以从认知力的角度思考一下到底什么是风口行业。风口行业就是商业模式初步得到验证、大量资本就会涌入的行业，在风口处玩的注定是“一将功成万骨枯”的游戏。

资本的狂热和市场的扭曲

每一个风口都是“兵家”必争之地，新老互联网巨头会争相投资，这直接引发的现象就是资本的狂热和市场的扭曲。

1. 资本“护城河”

对创业者来说，资本狂飙突进的危险就在于，即便侥幸不死，终于成为赛道中的第一名，依然无法高枕无忧。风口也是有上下半场之分的：你亏空血本好不容易甩掉了上半场的对手，中场休息后赫然发现真正的“敌人”正从另一个场子赶过来，这就是所谓的跨界竞争、降维打击。

在互联网行业，没有“江山永固”这种说法，洗牌永远在进行。真正的风口，创造了越来越多的“烧钱”游戏。当然，大风口确实可以创造大财富，但我在前文中也说了，大风口也会毁灭大财富。

同时，商业模式虽然是企业得以运转的底层逻辑，好的商业模式一定是可持续、有壁垒的盈利系统，但是风口上的项目，真正的壁垒和“护城河”并不是商业模式，而是资本。当一家企业凭借简单、粗暴的资本手段建立起“护城河”的时候，其实这条河的深度、宽度和可持续程度都值得怀疑。换句话说，**如果能用资本建立起“护城河”，就能用更多的资本填埋它。**

2. 资本加速的市场

风口创业，垄断为王，它考验的是创业者在资本加速情况下的综合能力。在快速扩张的过程中，你所有的不足都会迅速放大。因此，风口型企业的创业失败率极高、容错空间极小，这便意味着创业者不能走错一步，一步错便会步步错，最后满盘皆输。

据统计，风口型企业的平均寿命是1.78年，而非风口型企业的平均存续时间为3.24年，是前者的将近一倍。在不到两年的时间内，即使创业者充满激情、精力旺盛，但在资本的疯狂加持与催促下，他也很容易在极速扩张中犯错。

对创业者来说，必须每一个方面都足够强大，这样，他们才有资格在风口中拼杀。无论组织架构、迭代能力，还是品牌推广、产品设计、供应链，没有一个环节可以侥幸突围。这就像是一张网，既要能覆盖10平方米的范围，也要有足够的弹性支撑其覆盖 100 平方米的范围。

但是说实话，在我见过的数千家创业型公司中，这些能力全都具备的创业者寥寥无几。你千万别以为自己比别人聪明很多。人与人之间最小的差距体现在智商上，大多数创业者都是人中龙凤，有些方面他们不是想不到，而是在创业阶段，条件不允许他们面面俱到。毕竟，钱要花在刀刃上。

换个方向思考，一个人或一家公司，如果在市场机制紊乱时挣到了太多“错配”给他的快钱，一旦风口过去，市场恢复理性，这种成功经验导致的幻觉也不利于其日后的发展。

何谓触之不动

让我们回到本章的主题“此心不动，随机而动”。什么是心动？在创业过程中，创业者看到风口一拥而上就是心动，被媒体和同行轻易地影响决策就是心动。

> 这几年，梅花创投遇到过各种各样的风口，比如之前大热的可穿戴设备、区块链、共享单车等，这些风口被媒体大肆渲染，而我一个都没有追过。梅花创投从来不是一家追风口的机构，我们要追逐的永远是那些聪明的年轻人，帮助他们选择合适的事情，这便是梅花创投的初心，无论何时何地，始终未曾发生半分动摇。

关于“此心不动”，还有个著名的故事。

阳明先生曾去江西平定叛乱，送行的一位朋友对其他人说：“王阳明此番前去，必然立功。”

有人就问道：“你为什么这样说？”

这位朋友回答道：“吾触之不动矣。”

历史记载就到这里，我翻遍各种史料，也没有找到阳明先生对此事的相关解释。什么叫触之不动？所谓“触之不动”，是指无论你用何种利益去引诱对方，用危害去恐吓对方，对方总是无动于衷。

凭什么触之不动就能立下战功？原因很简单，人生在世，归根结底，面对的只有 4 个字：利害、毁誉。历史上有无数人向这 4 个字俯首称臣。一旦你对这 4 个字妥协，这 4 个字就会牵制你、命令你，你就会陷入被动局面。一旦有人用这 4 个字对你威逼利诱，你必然会动摇，会被这些东西牵着走。如果被它们左右，就会守不住初心。而对王阳明来说，他此番前去的目的就是平定叛乱，报效国家，这是利民利国之事，他早已将个人生死置之度外，没有人能够以“利害、毁誉”威胁他，所以他能“触之不动”。

阳明先生去江西平定叛乱，纯粹是在“为万世开太平”，这就是他的初心。对创业者来说，只有坚持初心，无论何时都勿忘初心，才有可能在复杂的商业环境中，提高创业成功率。

守住初心，伺机而动

有人可能会产生这样的担心："梅花创投如此坚持'此心不动'，会不会没有项目可投？毕竟风口来的时候，大家都会涌向风口。"在我看来，这个问题并不成立，我们根本不希望有大风口干扰自己的视线。**时代永远不会老去，每个历史时期都会有一批聪明的年轻人通过创业提升行业效率，我们恰恰是在不确定性中看到了做多中国（long China）的机会。**

> 我们投资的公司都是要长期发展的，2019 年上半年，我们投资了米乐为、硕橙科技、乐艺教育、Suntisfy 等。我们对很多公司都是一投再投，我们投资了两轮硕橙科技，也一再跟投讯轻。

看待机会，就像面对半瓶水，有人看到的是半满，有人看到的是半空。当然，对一家投资机构来说，不追风口并不意味着我们完全无视它的存在，我们必须提前布网捕捉隐形独角兽，只有这样，在风口形成的时候，才能直接进入收割期。

> 2012 年，玩蟹科技推出第一款成功的游戏之后，曾一度掀起手游的风潮。紧接着，各种各样的手游企业和投资资本疯狂涌入这个行业。但其实早在 2009 年，我就已经以极小的代价押注。正因为如此，在 2012 年手游大势到来的时候，我才能直接退出，用当初的 40 万元赚回 6 亿元。

> 趣店也是一样的。我们从 2014 年开始下注罗敏的趣店，并开始为其上市做准备。两年之后，互联网金融领域创业项目开始取得井喷式发展，热钱涌入。我们先行一步，这次投资的回报率同样超千倍。

包括听云。我是在10年前投资听云的，那时候根本没有人关注甚至注意到企业应用性能管理，但正是看到了它未来的可能性和发展空间，我们坚持投资10年没动摇。其间，不断有资本进进出出，它们没能坚持到最后。现在，听云已经成为行业第一，在国内企业应用性能管理领域拥有绝对的领导地位。它服务的用户不仅包括百度、阿里巴巴、腾讯等老牌互联网企业，还有京东、聚美优品、唯品会等互联网新贵；既有银行、通信运营商、航空等大型传统企业，也不乏微软、谷歌、通用电气等全球500强企业。2015年2月，听云在新三板挂牌上市。

风口形成了，再去这些行业创业，只有死路一条。有些创业者对趋势的预判不足或者根本不做预判，他们总想着走捷径，喜欢在别人成功验证市场之后跟进。实际情况是，当所有人都意识到这是风口的时候，风已经过去了。

谁都不可能既在高峰中做事，又把脚下的每一块土地磨平。我的建议是，如果创业者已经确定了自己的主赛道，那么在面对能将“猪”吹上天的风口时，不妨多问问自己，创业的初心是什么，市场真正需要的又是什么。

判断前不预设立场

此心不动，说的是在面对任何事情和诱惑时都不起心动念，这是我们上一节的主题。除此之外，此心不动还包括一点——凡事都不能在预设的立场上进行判断，不提前下结论。

通常，对创业者来说，最重要的事情有两件——找人才和资金。找资金的事情，梅花创投可以帮忙，但找人才就只能由创业者自己来了。招聘无疑是创业者做得最多的事情之一，我们以此为例进行阐述。

假如你看到一份简历，上面写着毕业于哈佛大学、做过 BAT 高管。那么，什么是预设立场呢？就是你未做深入的调查，仅仅看到这些介绍，就觉得这个人很优秀，一定要把他招进来。

所谓“此心不动”，是指你不会因为外界或者附加因素影响自己的判断，你会客观、冷静地找他交流一下，看看他在哈佛大学都学了哪些课程，在 BAT 中具体负责哪些事情，他的认知力和心力是否因为这两段经历有所提升。在聊完之后，如果你依然觉得这个人有思想、有见地、心力强大，再对他加以重视也不迟。我的很多投资决定都是在与创业者聊完之后做出的。

提前在预设的立场上进行判断，很容易将人的视野限定在狭隘的领域，甚至只锚定一种可能，无法看到本来存在的多种可能，或者对存在的真相选择性地“屏蔽”。《传习录》中记录了下面这样一则故事。

有一次，王阳明的一名弟子在花园中除草，过程很辛苦，于是他便哀叹道：“为什么天地之间，善难培养，恶难铲除？！”

王阳明听到之后，说道：“你呀，如此看待善恶，错误在所难免。”

弟子不解，王阳明又解释道：“花园里的花花草草，哪有善恶之分？你想赏花，花就是善的，草就是恶的。如果哪天你想弄块草坪，草就成了善的，开在上面的花就是恶的了。这种‘善恶’，都是由你的立场和欲望产生的，并不客观。”

阳明心学有个基本理念——“心即理”，它认为世界会因观察者的内心不同而被赋予不同的意义。只有做到此心不动，不预设立场，不提前下结论，在碰到事情时，我们才不会慌张、害怕、兴奋或者动摇，哪怕面对再大的事情，都会冷静地分析可能出现的机会和困难。

对创业者来说，提前在预设的立场上进行判断的危害也显而易见。互联网时代，个人的发展建立在两个认知基础之上——承认无知和包容不确定性。此外，世界每时每刻都在发生变化，昨天正确的事情，今天不一定正确，甚至明天就可能彻底变成错误的了。

这不是态度消极，而是要求我们将视角从客体转向主体，态度从傲慢变成谦卑。一旦我们提前预设立场并做出判断，就有可能掉进认知的陷阱，最终做出错误的决策。

这就要求创业者必须具备企业家的博大胸怀，时刻检视自己的行为和决策，甚至建立一套纠错机制，增强心力，敢于否定自己，能够随着外在环境的变化而不断调整自己的认知和判断。具体而言，创业者需要做到以下 3 点。

不被传统的管理模型禁锢

对创业者来说，原来的工业时代和现在的互联网时代是两种完全不同的创业环境。在工业时代，整体的创业环境相对稳定，企业挖出多少铁矿石就一定能相应地生产出多少铁或钢材，有相对丰富的数据作支撑，可以对未来进行准确的预测和分析，所以可以准确地把握市场的需求，并为之提供可行的解决方案。市场需要什么，企业就生产什么，企业可以靠计划、执行、评估推进流程。这就是过去 30 年来的经济模式和管理模式。

但是，**在互联网时代，没有人知道终点在哪里，每天都是起点。**市场充满了不确定性，其变化速度也远超企业内部的增长速度。所以，在一个具有不确定性的市场中，我们需要不断地建立新的认知体系和管理体系。这才是最关键的。

言及于此，就不得不说一下精益创业。从传统的管理模式到精益创业，这是商业活动的一个重大变化。

在传统的发展模式中，一家公司往往会投入几千人研发一种产品，就像曾经的微软公司，对每一个软件版本都会投入大量的人力和资源，并且制订详细的销售计划。即使微软资金实力雄厚、人才济济，拥有丰富的行业经验，但以往的管理模式在移动互联网时代也可能让其一无所获，因此微软公司几乎错过了整个移动互联网时代，直到萨提亚·纳德拉（Satya Nadella）上任后力挽狂澜，情况才有所改变。

在精益创业中，有一个最小可行性产品（minimum viable product，MVP）概念。它是指任何一个大的想法都可以被拆分成一个个小的可行性产品，然后供创业者验证、打磨，直到可以被复制并推广。

对创业者来说，精益创业不是为了节约成本，而是为了追求速度，这个观点很重要。它不仅适用于飞速发展的小公司，也适用于转型中的大公司。具体而言，它可以通过以下两种方式得以应用。

1. 用最小的成本试错

微信其实也是精益创业带来的产品。微信的团队在走出每一步之前，也不知道下一步该去向何方。当时在腾讯内部，至少有 4 个团队同时在做微信这样的产品，最后经过内部赛马的方式，微信脱颖而出，这也是字节跳动创始人张一鸣经常提到的“AB 测试”。

这一点在很多创业公司中不仅不太容易做到，还会被认为是在浪费资源，但我认为，这才是真正地将好钢用在刀刃上。**企业只有用最小的成本试错，通过市场反馈进行快速迭代升级，打磨出得到市场验证的产品之后，再投入**

大量的资源配合，才能“大力出奇迹”。

2. 以项目为核心，建立扁平化的管理体制

KAKAO 是韩国的“微信”。在将近 500 人的团队里，自上而下只有 CEO、部长、组员 3 个级别，组员可以越过组长向 CEO 汇报。团队的产品由很多小组分头负责，每个小组只有两名工程师，一名是产品经理，另一名负责 UI 设计，两人合力探索各种机会。KAKAO 就是其中一个小组做出来的，后来发现这个产品的市场增长情况远超预期，整个公司才将大部分精力投入其中。

精益创业绝不是一个口头概念，有些创业者一边说自己在精益创业，另一边却照抄大公司的管理模型，这种情况在我看到的很多创业计划书中比比皆是：画一个框框，代表董事长、CEO、几名副总裁、多名总监，下面分几个部门，部门下面分几个小组。这样的公司肯定会未老先衰。因为公司还没有做大，便有了从普通员工到经理、高级经理、总监、副总裁、高级副总裁、总裁、CEO 等各种岗位，还美其名曰“打通员工晋升通道”。

这种情况的出现就是因为创业者受困于传统的管理模型。真正实践精益创业的 CEO 一定要有足够的包容心，有不断扩充边界的霸气，是能够做行业领导者的人。同时，他的心力也要足够强大，不该动的时候保持我心不动，该动的时候随机而动。

蜜芽宝贝的创始人刘楠最初只是一名普通的淘宝卖家，手下只有两三个客服人员。但在组建团队的时候，她表现得非常霸气，把乐淘、好乐买、

京东的人都挖了一遍，既拥有极为强大的心力，又不缺乏执行力。

我十分看好像刘楠这样的创业者。毕竟，未来创业领域肯定不会再存在从 A 点直接到达 B 点的直线，一条不断往复、螺旋前进的曲线才是创业公司发展的新常态，创业公司一定要随之迭代、变化。

不被最初的方向禁锢

只要创新在加速，市场就不可知，原来的方向和商业计划就有可能是错的。所以，企业的方向和商业模式也要具备足够的开放性，顺应时代的大趋势，不断寻找第二曲线。就像腾讯，从手机 QQ 到微信，自己迭代自己。

梅花创投投资的很多创业公司，其商业模式和方向一直在变。一开始投资的模式是 A，做着做着便做到了 B 上，但优秀的创业者总能带领公司走上一条正确的道路。

玩蟹科技创始人叶凯最初的定位是做社交游戏。社交游戏在当时就是一个很小的市场，行业的天花板太低了。后来，他调整方向做网页游戏，也没做起来，直到最后转型做手游，才有了第一款成功的游戏产品。

陈华在创立唱吧时，就决定要让唱歌这件事变得更简单、更有趣，此心从未改变。当唱吧用户超过 3 亿时，陈华发现了线下 KTV 的革新机会，唱吧很快便布局了新式 KTV——唱吧麦颂 KTV，同时也投资了咪哒 KTV。这就是陈华的此心不动和随机而动。

还有很多巨头也是如此。马云最初的目标是做一个企业黄页，接下来做成了 B2B，打造了一家业内知名的企业阿里巴巴集团，后来又孵化出支付宝和天猫，现在打造了一个跨行业的大生态系统。

周鸿祎最初的想法是做一个论坛搜索，靠这个融资。在主营业务的发展遇到严重阻碍时，一个小团队摸索出了安全卫士，又由此衍生出浏览器、导航和 360 助手。

网易的丁磊最初做的是论坛，接着做成了门户网站，后来主要依靠游戏业务创收，现在进入了音乐、教育、电商等领域，产品始终在迭代和进化。

在当今时代，**创业者在宏观层面进行判断的作用，很多时候要大于在微观层面努力的作用**。在宏观层面进行判断发生变化的时候，企业的主营业务方向和商业模式也必须不断进化、调整，或者利用前文介绍的 MVP 模型，小步快跑，用最小的成本验证产品的可行性。其实，很多商业模式都是这样迭代进化出来的，这也是企业的一种成长方式。

不被自己的成就和经验禁锢

企业创始人过去的成功往往会成为以后做事的障碍。通常来讲，经验可以帮助人们避免走一些天真幼稚的弯路，但是过度崇尚经验的人会被困在因循守旧的套路中，无法自拔。

我在各种公开场合多次强调，梅花创投的投资原则就是“重仓”年轻人，我说的“年轻”，是指思维新潮、心态年轻，而不是年龄小。年轻的思维意味着毫无边界和不受束缚，可以打破一切常规，不循规蹈矩，不会在固定的条条框框里寻找解决办法。

在成功投资了一些项目之后，我也担心梅花创投会被以往的投资经验影响，所以在大量研究信息、深化对市场及行业的理解的基础上，我又给梅花创投找了一个场外智囊团。这个智囊团由每一个领域中“战斗”在一线的创始人组成，他们会提出自己的见解，帮助我们快速学习并且做出判断。

在我看来，投资人不一定比一线实战的创业者更懂他们所在的行业，我们需要尊重市场，尊重实战，向有经验的人学习。比如汽车领域的问题，我经常会找李想进行交流；游戏领域的问题，我会去找叶凯问问他的看法……这些人都是各个领域里对行业有很深刻的洞察力和判断力的人，同时也是能够给我提供更全面的信息、更多的创业者资源的人。

我把这种做法叫作梅花创投的“根据地打法”，就是在每一个领域建立一个“小根据地”，让这些对行业了解最透彻的人打破我们的经验边界。

经验主义是创业和投资的大敌，达尔文的“适者生存”理论现在依然适用。能够活下来的物种往往不是最强大、最智能的，但一定是最能适应环境变化的。对创业者来说，道理同样适用。**时间到底是朋友还是敌人，取决于创业者应对变化的能力。**

优秀的创业者一定能够越战越勇，毕竟，冲到巅峰的机会是自己给的，不是别人给的。当然，前提是你必须拥有一颗强大的内心，能够通过认知力和心力规避习惯和路径依赖带来的在预设立场上进行判断的做法，做到真正的随机而动。

第七章
知行合一：知是行之始，行是知之成

心学仅是一个功夫，知与行不可分作两事。按照阳明心学的观点，知是行之始，行是知之成。在创业的过程中，创业者不仅要抬头看天，还要低头行路，反复验证。唯有如此，创业者才有可能将创业路上遇到各种风险的概率降到最小。

结果不对，一定是认知出了问题

一家公司无论规模大小，都会面临各种各样的问题。结合我自己的几次创业经历以及这些年做投资的所见所闻，我发现创业者容易犯下面这些错误。

比如，“996”式自嗨——加班到感动自己，但业务没有发生质变；

比如，执行能力很强，跑得很快，却总跑不过竞争对手；

再比如，总觉得别人运气爆棚，一年能完成3轮融资，自己却处处碰壁，从而开始怀疑人生；

……

创业者犯这些错误，其背后的原因是什么？在我看来，不是战术问题，而是创业者的认知出了问题，同时心力不足。

有道无术，术尚可求；有术无道，止于术。阳明心学最核心的观点之一就是知行合一，知是行之始，行是知之成。如果对其解构，你就会发现，一旦你的认知出现问题，你的行动必然会出现问题。换句话说，如果你做的某件事结果不对，那究其本质，一定是你的认知出了问题。

据传，王阳明对一位名叫南大吉的官员说过这样一段话："你现在良知已现，行动上已经能够做到致良知，那么，你的心上不可能有过失。同样，心上没有过失，行为上也就不可能有过失。"

优秀的创业者解决的永远是最基本的认知问题，这种认知问题一旦被解决，他就可能将创业活动推向高潮，继而给整个企业和行业带来震动。

对创业者来说，在认知方面最容易出现以下 4 种问题。

前提假设：跟风，看不清真前提

这一点在创业者身上最明显的表现就是跟风。在一个赛道上，如果有一两家企业做起来了或者一种商业模式成功了，马上就会有几十家甚至上百家企业跟着去做。不少创业者认为，既然别人做起来了，模式也验证过了，那么我也可以做起来。

但是，任何一家做大做强的企业或者看起来很成功的模式都有当时特定的前提。

比如滴滴出行创始人程维就是搭上了移动支付推广的便车。当时，支付宝和微信支付为了抢夺市场份额，都瞄上了打车产品。微信支付战略性投资的 10 元钱中就有 9.5 元给了滴滴出行。这才有了滴滴出行的崛起。

每一种媒体平台的兴起都会有价值洼地，所以很多项目做起来了。比如，微博最早兴起时，微博的广告很便宜；抖音和快手也扶持过大号。但是，现在你再去做，失去了这个前提，就很难做成。

如果连前提假设都是有问题的，那么后面的推导过程再怎么天衣无缝也是徒劳的。

确认偏差：不关注特殊背景和特殊情况

前面说过，由于酷讯网的失败，我不仅转行到了投资领域，还投资了多个明星项目，比如玩蟹科技、趣店、唱吧，这些项目的创始人都来自曾经的酷讯网。当然，还有错过的张一鸣。

看到张一鸣今天的成就，很多人可能替我惋惜，但是说实话，我并没有感到遗憾和后悔。在我看来，当初没有投资张一鸣，是我在当时那个环境下做出的最理性、最成熟的一个决定。

特殊背景、特殊情况会在很多方面限制人的思维，影响人的决策。创业也是一样的，你必须立足并时刻关注自己的实际情况，在这样的前提下做出的选择和决定才有意义。

认知失调：喜欢锚定一种可能性

有个著名的苏格兰黑羊理论，说的是三个人第一次去苏格兰，透过火车的窗户看到一只黑羊。

第一个人说："苏格兰的羊是黑的。"

第二个人说："不对，我们就看到这一只黑羊，这只能证明苏格兰至少有一只羊是黑的，没有办法推导出所有的苏格兰羊都是黑的。"

第三个人说："也不对，我们只看到了羊靠近我们的这一侧，所以要推导也只能推导出在苏格兰至少有一只羊的一边是黑的。"

无论你多么努力，我们观察到的、接触到的现实世界都是不全面和不完整的，所以很多人就会局限在自己所见的那部分真实里，只锚定这一种可能。一旦如此，我们就会错失获得其他可能性的机会，逻辑也会出现问题。

认知停滞：对环境变化视而不见

我们无法阻挡趋势，因为技术的进步和社会的发展是不可逆的。比如，在媒体领域，纸媒一家家关停，电视媒体空心化现象越发明显，很多省台一天的播放量可能还不如抖音短视频平台上的一个大 V。

我的一位朋友原来通过向电视媒体投放广告销售产品，有几年做得很好，但这几年生意很难做，投放效果很差。我问他，为什么不转向在手机端投放广告呢？他说不懂，也没有团队来运作。

如果你对趋势视而不见，还不及时提升自己的认知力水平和相关能力，趋势就会把你甩在后面。

在创业实践中，提升认知力

结果不对，一定是因为认知出了问题。那么，创业者应该怎么办呢？按照阳明心学的观点，知与行本就是一体的。对创业者来说，认知来源于工作和生活，要想提升认知力，就必须回到创业本身。也就是说，除了打开认知视角、开放心态，还必须在具体的创业实践中做到以下 4 点。

不要用战术上的勤奋掩盖战略上的懒惰

在企业中做事要对以下 3 个层次的认知有所了解。

战略层：把控事物发展的宏观方向是 CEO 的使命。

战术层：为了实现战略，分解的执行方针是中层骨干的使命。

运作层：为了实现战略和战术，进行最基本的运作和运营是员工的使命。

很多人经常搞混这 3 个层次。比如，创业者是技术出身，总觉得技术总监做得不好，于是自己去写代码；又如，创业者是销售出身，总觉得要体现自己在销售上的能力，于是自己充当销售代表。

知行合一、提升认知力的第一条就是让正确的人去做正确的事。创业者一定不要用战术上的勤奋来掩盖战略上的懒惰，必须牢记自己的使命是把握公司的重要方向：找人才、找资金、找方向。

战略能力是创业者必备的能力之一。企业在竞争中获胜，首先是因为创业者在战略上的获胜。创业者首先要想的是，你现在每天做的是战略上的事还是战术上的事？你每天在战略上投入多少时间？如果你每天想的问题是一个总监就能解决的问题，那意味着你在战略上、在认知力上还没有达到创业者应有的高度。那样的话，你就只能抓住一些小机会，赚一些小钱，公司始终长不大，而自己可能只是一个小老板。

企业的本质是创业者选择一个领域，带领企业在该领域的竞争中获胜，并使其成为该领域内具有持续经营和盈利能力的公司。企业成功靠的是系统性，而非一城一池。在创办一家公司时，创业者要清楚天花板有多高、未来趋势是怎样的，因为这些会决定一家企业的价值。

站在更高的层面上审视问题

你们有没有做过这样的事：在遇到事情时第一反应是“我要让企业活着”，于是只解决火烧眉毛的事，却忽略了做一些有战略高度的决定。

其实，一家企业面临的问题通常有以下几种：紧急且重要、重要但不紧急、紧急但不重要、不紧急也不重要。创业者要辨别以上问题，要谋局不偏局，解决未来的问题。

以花点时间为例。我投资它的时候，创始人朱月怡告诉我，未来中国的鲜花消费一定会由“悦人”变成“悦己”。

过去，消费者买花主要是送给客户、朋友和病人，未来则主要是买来取悦自己的。“悦己”就需要产品价格更低，需要更常规的订制模式，这是未来 5~10 年用户消费的新趋势。

再以趣学车为例。趣学车创始人刘老木原来在赣州创业，我告诉他，要想改造一个传统行业，必须拥有人才、资金和先进的思维，你应该去北京。后来，他去了北京，趣学车才有了现在的市场地位。

创业者必须站在未来看现在，要反思自己的生意是否值得长期经营、未来 5 年或 10 年能否持续、商业模式对不对。现实中，有很多生意是过时的、短暂的、赚不了很多钱的。

动态看待各种因素的内在关联

很多了解梅花创投的人都知道，我们的投资有时也是“逆行”的，很多风口项目，我们都没有参与，相反，一些别人不看好的或者中间出了问题的项目，我们却会选择继续跟进。

比如，梅花创投投资了小牛电动。当小牛电动遇到挑战时，其他机构都选择撤资，而我分析清楚后带着资金继续支持小牛电动，后来小牛电动成功登陆纳斯达克。

这其中的原因除了对项目本身的支持，还因为我们是以一种动态的思维在思考。风口，既是制造财富神话的地方，也是毁灭财富的地方。如果不能动态地看，那么很可能你刚踏入某一领域，风就过去了。

相反，像小牛电动这种项目，它处在正确的赛道上，企业的根基也是牢固的，虽然暂时遇到了困难，但从长远来看是值得下注的。

在复盘中认知升级

认知错误必然带来行动错误，摔倒是必然的。对创业者来说，这也是一个成长与认知升级的机会。

创业者一定要学会复盘，检视自己的思维方式和认知力水平。当然还有一点很关键，那就是失败之后千万不要陷入怀疑和纠结之中。在创业活动中，创业者必须具备强大的心力。我一直都在强调创业者要成为一个“打不死的小强”，错一次没关系，最重要的是要从失败中有所收获、有所成长；然后知行合一，用下一次行动，彻底解决以往认知中存在的问题，真正做到认知升级，从而带动企业发展。

行动就是最好的答案

在过去的 20 年中，从来没有一个年份像 2019 年一样充满这么多的不确定性。从大环境来看，世界各地都面临贸易战、经济动荡、行业产能过剩；从国内创投行业来看，2019 年募资环境艰难，投资没有大的热点；从退出机制方面来看，一二级市场估值严重倒挂……

与此同时，创业环境和企业经营面临更多的困境。经济增速放缓、银根紧缩，行业内也不断有人唱衰——“创业的黄金时代结束了”，所以创业者较之以往都多了思虑和警惕。

人口红利的时代已经过去，公司经营这么困难，未来还有机会吗？现在进入某领域，合适吗？选择这个赛道，如果出现问题，怎么办？……

这些都是很多创业者见到我会问的问题。但正如阳明心学所倡导的：**想，都是问题；做，才会有答案**。如果你真的努力过、行动过，你的认知力水平足够高、心力足够强大，你就会发现，虽然问题很多，但机会也有很多。

从大环境来看，虽然人口红利的时代已经过去，但是人工智能、智能制造等硬科技带来的技术性红利时代已经到来。经济增速放缓、赚钱困难是事实。但过去的 10 年既是节点性的拐点，又是新经济的起点，这其中蕴含延续性，并没有出现明显的断层。只不过在过去的 10 年里，人口红利的消失使很多原来适用的规则在后面变得不适用了。

未来的中国市场，依然是一个巨大的市场，当然也是一个不断需要产业升级和消费升级的市场。消费者对产品和服务质量的要求会越来越高，创业项目也必须以更高的水准满足越来越挑剔的受众。

创业的本质就是解决问题。没有绝对完美的时代和环境，也不存在没有任何问题的赛道或领域。**如果过于强调宏观层面的影响，你就会低估自己在微观层面的努力，甚至为自己的不努力、不作为找借口。**

我一直有个观点，没有夕阳行业，只有夕阳企业。所有行业都可以重新做一遍，只要你有更好的办法去做。事实证明，即使是部分人唱衰创业的这两年，既有人在过去的移动互联网领域发现沧海遗珠，也有人在尚待发现的产业互联网领域开垦掘金。那么，如何从“想”到“做”？这里主要有以下 3 个方面。

先行动起来

王阳明十几岁时就立志要做圣贤。走圣贤之路，这是想想都觉得机会渺茫的事情。当时无论老师还是亲友，要么觉得他狂妄自大，要么觉得他说的是小孩子的疯话。没有人将他的话当真，但王阳明自己当真了。

从立下这个志向之后，他就一直走在行动求索的路上，他寻师访友、格竹明理、研修心学……一步步学习做圣贤的法门。虽然屡试屡败，但他从未停止行动，直到最终行有所成。

阳明心学讲："夫学问思辨行，皆所以为学，未有学而不行者也。"阳明先生也曾说："未有知而不行者，知而不行，只是未知。"无论什么事，光学不做、光知不做都是不可能的。只有先行动起来，才能发现问题，只有边行动边思考，才能不断前进。

回归创业者本身，你会发现，创业者也分两种：一种是思考型的创业者；另一种是行动派的创业者。思考型的创业者会想很多，三思三思再三思，就是迟迟不动手，特别是对于有风险和不确定性的项目，更是举棋不定。他们用思考检验细节，用逻辑验证商业模式，最后发现整个前期构想和计划像个筛子似的，哪哪都是问题，哪哪都有漏洞。最后，项目也就不了了之了。

行动派的创业者更善于边想边做，边开枪边瞄准。行动开始之前，他们可能想得不是那么周全，但他们永远在前进，并且永远在前进中调整，无论对错，总要得到结果。

对于思考型的创业者，我们当然不能说思考是错的，但事情永远都是做出来的。想法虽然重要，但只有付诸行动之后才会变得有价值。如果一直在思考、始终不行动，那么你一直等待的那个成熟的时机，可能永远都不会出现，就算等到了，也可能没有你施展拳脚的机会了。

很多事情是要讲时机的。很可能你还在慢悠悠地讨论可行性，竞争对手已经提前1小时把肉吃到嘴里了。当年的网约车大战，如果滴滴出行把所有事情都计划好了再采取行动，哪怕再晚个半年甚至更短的时间，它都不一定是现在的滴滴出行了。

如果你一直在锚定问题，始终在这个认知圈里打转，那么无论外界怎么给你摆事实、讲道理、放数据，无论你接收到什么样的信息，你都会从中挑选最能佐证自己观点的部分，用它来强化“这件事很难”“问题很多”这个事实，至于其中的机会、行动之后可能带来的改变，都被你下意识地忽略了。

最后，1分的困难会被放大到10分，10分的困难会被放大到100分。那些创业的念头、想要拼尽全力努力一把的勇气，在脑子里停留的时间越长，就会变得越弱。也许过不了几天，细节就会变得模糊，也许用不了一个月，你就会完全忘记它们。

我们要做的是，在保证大方向、大范围可行的前提下，先行动起来；然后，在行动中接收反馈，不断试错，最终在不断迭代和升级的过程中完善与优化创业活动。

趣学车的刘老木说过一句话，创业首先要解决“有没有”的问题，再解决“好不好”的问题。最开始为了快速跑通业务模式，趣学车没有自己的技术团队，而是利用外包团队迅速开发出1.0版本的App。当时刘老木开玩笑，说他在吃饭、睡觉前都不敢看自己公司的App，因为界面实在太丑了。

但正是因为有了这个奇丑无比的 1.0 版本，趣学车才有时间和机会领先竞争对手一步，也才有了后来的 2.0、3.0、4.0、5.0……版本。现在，刘老木经常很自豪地说，趣学车的 App 绝对是互联网驾驶培训行业的领头羊。

我们说“谋定而后动，三思而后行”，这听上去很有道理，但放在今天这个无论产品、项目还是企业都在快速更迭的时代，它就有些不适用了。刘老木后来也说过，如果把精力放在搭建技术团队、开发 App 上，那么趣学车早就“死”了。现在也一样，打开手机应用商店，总有几款应用提醒你需要升级。是它们的产品不好吗？答案是未必。

我们知道，很多产品都属于无限改进型，只要你愿意花心思去思考，只要你有创意，那么你就可以不断升级、完善它。事实上，刚面世就被打磨得十全十美的产品是不存在的，甚至一个产品在整个生命周期中，都不可能达到十全十美、毫无瑕疵的巅峰状态。

创业也是一样的。再有能力的创业者，也无法在一切开始之前做到万事俱备、无懈可击。即使你想清楚了所有的事情，在过程中也会遇到很多变数，所以用“枪声一响，预案作废”形容这种情形再恰当不过了。

环境每时每刻都在发生变化，创业过程中充满了不确定性，很多事前的“三思”其实与现实严重脱节。只有在行动中才能发现真实的问题，也才能真正地解决问题。就像阳明先生一样，格竹虽然没有格出什么道理，但却验证了自己之前想要通过外物寻找“理”这条路是行不通的，正因为如此，他才转而去研究心学。

要循序渐进

阳明先生曾言："我辈致知，只是各随分限所及。今日良知见在如此，只随今日所知扩充到底。明日良知又有开悟，便从明日所知扩充到底。如此方是精一工夫。"这句话不仅告诉我们要依据各自的能力尽力而为，还告诉我们一个道理——无论为学还是做事，都要循序渐进。

创业也是如此，做，不是蛮做，更不是低头狂奔，即便边开枪边瞄准，最后也一定要解决瞄准的问题，特别是在前期考虑不周的情况下，一定要循序渐进，在过程中不断调整。

刘老木也是一个善于总结和复盘的人，趣学车取得初步成果后，他说自己做了复盘，其中有一条就是：创业初期，节奏感很重要。他还创造性地总结出一个"三慢一快"的打法。

其中，"一快"是指产品迭代速度要快。迭代是为了给用户提供更好的服务，提高运营效率，是不断地发现问题、解决问题，是企业活力的一种体现。在此不做赘述。下面主要讲一下"三慢"，这与我们这一小节的主题——循序渐进也正好契合。

1. 发展用户要慢

现在，很多创业者的第一目标就是扩散——最大限度地获取用户。但在刘老木看来，在产品或服务实验阶段，商业模式还未被完全证明，团队的唯一目标是摸索出可行的模式。如果此时盲目地大力发展用户，服务能力却跟不上，那是非常危险的。

同样是这个赛道，有个竞争对手一冲上来就做大额补贴，其实线下服务体系还不完善，突然来了几千个订单，结果只有200人得到服务，结果直接爆单了。爆单以后，口碑和品牌就很难再建立了。

2. 股权分配要慢

很多企业创始人还没开始干就急着分股权。对此，刘老木的想法是，作为企业创始人，你要考虑企业的中长期发展目标，你要想明白，自己的公司到底是一家什么样的公司？是业务驱动、运营驱动、产品驱动还是品牌驱动？不同阶段的核心驱动力是否会变化？如何通过合理的股权分配确保企业获得长期的良性发展？

他讲到，如果趣学车从一开始就把股权分了，事情的发展趋势多半是这样的。

首先，认为自己的企业是技术产品驱动型互联网公司，于是技术产品人员分到90%的股权。后来发现公司不是靠技术产品驱动而是靠业务驱动，这时只剩下10%的股权了。业务拓展部门的人会认为："90%的利润是我们创造的，凭什么我们只有10%的股权？"这样的话，企业肯定就运营不下去了。

其次，发现企业运营模式其实是品牌运营驱动，这个阶段又该怎么分？再后面要并购驾校了，就会有一个财务、法务驱动的阶段，但是这时公司可能已经没有股权可分了。这样一定会出大问题。

3. 花钱要慢

除了上面两点，刘老木认为还有一点要慢，就是花钱要慢。他讲到，刚开始的时候，每一笔超过 2000 元的支出，签字时，他的手都要抖一下。有时，员工一碰到问题就说用钱来解决，他听了就头大：都用钱解决了，要人干什么？

他还说了一件小事，有一年趣学车开年会要找个场地，当时找的场地报价动辄就要十几万元，太贵了，刘老木不同意。后来的确找到了便宜的，但现场效果又特别差，他也不满意。当时，负责找场地的人问他，便宜和现场效果到底要什么？刘老木回答两个都要。经过反复比较后，他们最终找到了一个只要 1 万元、效果又很好的场地。

对创业者来说，很多时候并不是找不到机会，而是在机会并不明朗的时候就一通“狂轰滥炸”，等到看清楚真正的机会时才发现自己没有子弹了，这是最可惜的。循序渐进的好处就是它能让你利用碎片化的休息时间“回血”，也能让你随时调整方向和步伐。就像开车一样，在高速公路上，时速 120 公里畅通无阻。但若是驾驶在非常颠簸的路上或者遇到急转弯需要调整方向的时候，你驾驶的汽车还是时速 120 公里，翻车是大概率事件，不翻车才是奇迹。

笃行才能出奇迹

阳明先生有句话:“辨既明矣，思既慎矣，问既审矣，学既能矣，又从而不息其功焉，斯之谓笃行。”意思是，虽然分辨清楚、思考缜密、问得详细，已经学会了，但仍需持续不断地用功，这就叫笃行。

没有谁是天生的圣人。阳明先生从十几岁梦想成为圣贤到龙场悟道，花了整整 30 年的时间。在这 30 年中，虽遭廷杖，入狱，被追杀，被贬龙场……但他追求初心的脚步从未停下。一个人用一生去做一件事，哪有不成功的?

创业也是如此，前途荆棘遍布，本来是没有路的，创业者的使命就是逢山开路、遇水搭桥，一步一步地把没有路的地方踩出一条路来。

芯片超人是我在创业心学实验室 2 期时接触的一个项目，创始人姜蕾是一位拥有 14 年电子元器件采购分销经验的行业“老兵”。她曾任职于当年全球排名第一的芯片独立分销商 Converge，也做过本土元器件分销企业的合伙人，并且都取得了非常优秀的成绩。

在创业做芯片超人之前，姜蕾已经在创业这件事上交了不少的学费。她和我讲过，各种研习社、课程班她都上了一遍，把财务、法律、管理、产品开发等行家也都约见了一遍。2016 年一整年，她约见的投资人将近 100 位，经历了十几次尽职调查，虽然没有拿到钱，但从中收获很多，也知道了哪条路行不通。

2017 年，姜蕾正式开始做芯片超人，从内容开始开设了一系列公众号，包括“芯世相”“芯片超人服务号”“芯片老司机”“买卖芯片找老王”等，做出了单篇点击量超过 10 万的爆款文章。除了公众号，芯片超人还同步上线了 H5 的撮合交易平台，并开设了全行业独家的“芯片超人课堂”。

当初，在创业心学实验室听完姜蕾讲的模式后，我给她提了一个建议——覆盖行业，集中 IP。姜蕾的思维转变也很快，马上就将内容端的所有 IP 聚合到“芯片超人”和姜蕾自己身上来，后来又向“芯片超人”统一，“芯片超人”逐渐形成了一个分销大 IP。

做好这一步后，姜蕾又确定了下一步的目标，利用各种渠道获客；针对用户需求，做出标准化模型，设计不同的会员体系转化留存，做到“力出一孔，利出一孔”。目标明确后，通过线上、线下各种活动，芯片超人在平台上覆盖了流通环节 15% 的人群。

此后，根据用户需求——80% 的用户买货时缺乏专业的质检能力，芯片超人又陆续上线了验标和验货小程序。姜蕾将过去 14 年的经验投入轻量级的线上验标和较重的线下验货两个产品，从而帮助用户达成交易闭环。

接下来，芯片超人还赋能芯片厂商，与分销商进行数字化运营，打通了最具战略意义的一孔……

其实，第一次见到姜蕾，和她聊这个项目时，我就做出了判断：“这个项目是不会死的。”但不死只是芯片超人的底线，她后面走的每一步，你都能感觉到她的基本功很扎实，芯片超人就是这样一步一步做出来的、走出来的。这也给了投资人更多的信心。

纵观阳明先生的一生，他做过的事多到让人难以想象，钻研哲学、精研书画、教育子弟、带兵打仗、治国理政……只要是他想做的，几乎没有做不成的，他真正地实现了“立德、立言、立功三不朽”。这些成就的取得，都离不开他知行合一的智慧。

创业也是一样，认知力和思维水平决定了创业者的上限，而创业者能否达到上限则取决于他的心力和执行力。

所以，我经常说，当问题让你恐惧、犹疑、畏缩时，用行动彻底破解会是一种最有效的方式。特别是在新物种、新模式、新生态方生方死的时代，行动就是最好的方法。或许开始会很艰难，但一旦开始行动，事情就会变得简单。

循环往复，螺旋上升

阳明心学就是提升认知力和心力的一个闭环。首先，我们要致良知，选好一个方向；然后着眼于方法论，我们要在事上练，难上得，做到此心不动，随机而动；最后，从这些反馈中反复验证，就是知行合一。在这个闭环里，如果能够做到知行合一，我们的认知力和心力也会达到更高的水平，进入一个更高水平的循环。

明朝有位名叫朱廷立的官员，他曾经向王阳明请教如何在工作中致良知。王阳明和他谈学问、谈修身，但是没有告诉他在具体工作中要怎么做。

朱廷立是一位尊师重学的人，回到工作岗位后，他马上按照王阳明的教导认真修身，改变和提升自己。至于结果，史书上的记载是“三月而政举”，他不但了解了百姓的好恶，而且通过行动得到了百姓的拥戴。朱廷立自己也很感慨，原来做学问、致良知、修身改变自己，还能提高工作质量啊！

然后，他恍然大悟：知道了自己厌恶的事情，将心比心，也就知道了百姓厌恶的事情；知道了自己的欲望，易地而处，也就知道了百姓喜欢什么；舍弃了自己的私利，也就知道了百姓想要的利益是什么；提醒了自己修身、遵守道德规范，也就知道了如何教化百姓、让百姓遵守什么；最终，自己心中的魔鬼没有了，也就知道了百姓每天都在想什么。这其实就是在工作中致良知。

但他马上又有了新的困惑：工作有成效了，但心学造诣好像没有提高。于是，他又找到王阳明，请教如何学习心学。这次，王阳明却不再和他谈心学、谈学问了，而是与他谈起了工作。

3个月过去了，朱廷立终于想明白了，原来百姓之所以亲近他，就是因为他之前按照王阳明的要求认真修身、改变自己。比如，把百姓厌恶的事情去除，自己也有了惩恶的成就感；让百姓得到好处，自己也就有了遏制欲望的能力；照顾到百姓的利益，自己也就舍弃了私利；教化百姓要遵守法律，同时也能时刻警醒自己……

创业是过程，没有明确的终点。每一位创业者都要清楚地认识到，创业不可能一劳永逸，更不会万事大吉，并且随着企业的发展、内外部环境的变化，创业者也要不断地面对新挑战和新目标。

对创业者来说，创业心学就是一个循环往复并且螺旋上升的、动态的、整体的、持续的底层成长系统，是复杂环境中化繁为简的智慧。而要真正达到这种效果，在知行合一的基础上，我们还要注意以下4点。

用结果去验证认知力和心力

认知力的本质就是做正确的决定，心力的本质就是以强大的内心，让决定变成现实。所以，追本溯源，最能验证认知力和心力的一定是最后的结果。

前面讲过，我一直不太赞成追风口，在我看来，风口虽然是快速创造财富神话的地方，但也是最快毁灭财富的地方。这是我的认知。而不受风口和外界环境的影响，坚持此心不动、独立判断，坚持自己的节奏，坚持根据市场需求和发展进行分析，就是我的心力的一个表现。

比如，前几年共享单车赛道火热，也是投资圈人人眼热的大风口和投资热点。那两年还有一个调侃投资机构的段子，说投资机构分 3 种："投了 ofo 的""投了摩拜的"和"没投中的"。

毫无疑问，梅花创投就属于"没投中的"，但是我没有任何遗憾。在共享单车大热的那一年，我们也投资了很多优秀的公司。现在回头再看，我们投资的很多公司，业绩并不比共享单车差。

比如花点时间，我们投资的时候估值 2000 万元，现在是它的估值是 6 亿元，增长了 30 倍，月流水增长 200 倍。反观共享单车行业，从 B 轮到现在，仍没能达到 30 倍的增长。

对我来说，这就是一个阶段性的结果，这个结果最大的意义不是我们赚了多少钱，也不是我们又多了一个成功的投资案例，而是它是对我之前认知力和心力的一次验证，也是对自己理解、运用阳明心学的能力的一次验证。

从本质上讲，人的认知只会自我加强。想到一个点，人会顺着这个点继续想，越想越觉得自己的认知正确、逻辑正确。所以，结果变得格外重要。

当我们拥有结果思维时，认知力和现实才会真正地结合起来，开放式问题才会慢慢收缩成封闭式问题，才开始变得有解。对创业者来说，有解非常关键，它一方面可以验证创业者的逻辑、认知力和心力；另一方面，又可以校正创业者的行为，让创业者根据外界环境，不断自我博弈，更新或者重构自己，进入下一个循环。

积小胜为大胜，稳步上台阶

有媒体采访时，问过我这样一个问题："是什么让你坚定地相信，早期投资是适合你去做的？"其实，这个问题我自己思考过。酷讯网之后，我没有沿着当时的路径再创办一家企业，而是转型做了投资人。原因主要有以下3点。

第一，乐观。多年的创业经验让我充分相信做早期投资的价值。

第二，同理心。梅花创投的目标是"做最懂创业者的早期投资机构"。我有5次创业经历，能够完全站在创业者的角度思考问题。创业者在每个阶段最需要什么，我最了解。

除了以上两点，还有一点非常关键，那就是我对投资的认知。我出手投资的第一个项目给我带来了1500倍的回报，这给了我莫大的鼓励，让我对做早期投资更有信心。而后，我又做了趣店、小牛电动等明星案例，这些都让我更加坚定了自己的信心。

创业者需要积累小成功，每一个小的成功都会突破他的认知边界。我经常对创业者说，咬着牙成功一次很重要，不然你很容易习惯失败，所以估值不重要、面子不重要，上岸很重要。阶段性的成功很关键，哪怕是以卖掉公司这种形式，也至少要咬着牙成功一次。

认知力需要反馈和验证，同时，它也需要向外界、员工、投资人，甚至向自己证明。

我认识的一位创业者说过一段话。他说，有段时间，他的压力特别大，但后来，他就能很好地管理自己了。

他的方法很简单：第一，咬牙坚持；第二，赢一次、成功一次。当你有过一次成功的经历后，你就会放下很多东西。你不再需要向别人证明自己的坚持是否正确，只需要不被外界影响，保持认知力和做决定的水准。

当然，这种追求单次成功的行为有一个常见的误区，就是见啥做啥、啥热做啥，看到一个机会就扑上去，看到另一个机会再扑上去。这其实是认知力水平不高和心力不够强大的表现。结果就是越做越多，看似很努力，然而回头一看，产品虽然很多，但彼此不能借力，也没有办法实现单点聚焦。创业者一定要避免陷入这种误区。

除此之外，具体到创业实践中，这种一个创业项目单次的成功并不容易，而且时间周期非常长。但我们同样可以以阶段性的小胜为目标。

比如，要想获得种子轮的投资款，就要把模型打磨好；要想获得天使轮的投资款，就要把 MVP 数据跑出来；要想获得 A 轮的投资款，就要快速复制模式；到了 B 轮融资阶段，就要做出利润。只有这样，才能不断地积累势能，把小胜变大胜。

向有成果的人学习，与最强的人碰撞

要想通过知行合一形成一个更大的循环，还有一点很关键，那就是要向有成果的人学习，与最强的人碰撞。

这里之所以强调要向有成果的人学习，是因为成果不会说谎，你一定要相信那些做出过成果的人。成果至少证明了一件事——他们已经拥有一套经过验证的底层思维体系。他们比你强的原因并不是智商高，而是拥有你没有的认知。

而那些行业领导者或比你强的人，在很大程度上，他们获得的信息比你多，处理信息的能力比你强。有时，他们即使不理解某种先进的模式，也会先执行，然后在执行中理解。

因为我也曾是连续创业者，所以比较理解创业者的心理。在创业过程中，我期望投资人能够帮助我成长，在我做得不好时，他能及时纠偏。所以我现在就会投入很多时间，为创业者解决困惑。

像蜜芽宝贝的刘楠，每次碰到问题，她都会第一时间来找我。比如，要不要拿新的B轮融资，要不要开线下的蜜芽乐园店，选择在哪里上市等，对这些问题，我们都有过交流。

福佑卡车的单丹丹也是一样，她找到我的时候，项目发展正好进入瓶颈期，她当时比较迷茫，不知道自己事业的突破点在什么地方。当时我告诉她："你现在做的市场（华东地区）是国内市场很小的一个部分，你可以把很多地方的资源整合起来，服务整个中国物流市场。"后来，我们差不多每三个月见一次面，每次见面交流心得，我都会发现她又有新突破，一直在进步。

融资、招人、方向把握，不同的创业者会有不同的需求，但提升认知力是普遍的需求。当然，举这两个例子不是说我有多厉害，而是说，我在这方面拥有的很多经验，能帮助创业者看到他们在自己的视角上看不到的东西。

创业者特别容易陷入一种状态——完全被圈定在自我的固有认知中，不向外看。有些创业者甚至连向外沟通的欲望都没有，不关注也不知道外面发生了哪些变化、别人达到了什么水平，这对整个创业活动而言危险至极。

因此，我希望创业者能够具有一种对外求教的心态，和比自己强的人去碰撞，扩展自己的视野。这其实也是快速学习、快速提升认知力的最好的方法。

创业是一场持久战

其实，无论创业、投资还是日常生活，都是持久战。在这一点上，创业者与投资人并没有什么不同。

从毕业之后到现在，我经历过许多挫折，在外界看来或许也取得了一些成绩，但在我看来，速胜论和投降论都不可取。人生是一场持久战，我相信只要保持心态年轻，不断迭代、提升自己，我就还可以再干 20 年、30 年。到那个时候，可能我管理的财富会比现在更多，投资成功率会比现在更高，不变的是，我相信自己依然能够接受新生事物，依然能够与创业者打成一片，去理解他们的困难、欲望和诉求。所以，无论对我个人还是对梅花创投而言，我都相信，我们会保持持续绽放的姿态。

美团创始人王兴说过，“既往不恋，纵情向前”。我们的认知已经比当年进步了太多，早已越过了山丘。或许到了 60 岁以后，我们可以把时间用来回忆，回味当年的英勇与遗憾。但当打之年，我们还是要多展望未来。

精进本身，就是认知力和心力的不断升级，即通过输入大量的信息、反复进行思维模式训练、不断尝试自我博弈与挑战，自己的整个认知结构和底层思维系统可以在广度上充分延伸、扩展，在深度上不断钻研，形成一套更高维度的、完整的认知体系，最终做出正确的判断和聪明的决策。

创业是一场持久战，知没有终点，行也不会有终点。很多时候，很多人都属于站在半山腰上的创业者，只有持续精进、不断提升自己的认知力，拥有足够强的自驱力，才能拥有攀至顶峰的机会。

第八章
创业心学的三大推论

在对创业心学的完整闭环进行了全面讲解之后，我想进一步为大家介绍创业心学的三大推论。这三大推论是我在阳明心学的基础上，结合多年的创业和投资经验进行的推演与总结。通过仔细琢磨，反复观照，我相信各位创业者的创业成功率会得到较大幅度的提高。

能力、认知力与心力

在我遇到的创业者中，大多数人觉得自己具有较强的能力，否则他们也不会走上创业这条路。但对创业者来说，光有能力肯定不够，还必须有认知力和心力的加持。当然，能力、认知力和心力三者之间的关系也一定要梳理清楚。在我看来，无论创业还是做其他事情，创业者的心力都是最关键的，认知力次之，能力再次之。这也就是本节要介绍的阳明心学推论一：**能力之上是认知力，认知力之上是心力**。在这方面，《西游记》就是一个很好的例子。

《西游记》中的师徒四人，谁的能力最弱？毫无疑问是沙僧。与他对标的是企业中层管理者，他们负责执行上级的命令，却没有自己独立解决问题的能力。沙僧最常说的一句话是："大师兄，师傅被妖怪抓走了！"将问题传递给同伴之后，如何处理便是同伴的事情了，自己要做的便是死守行李不挪窝。

猪八戒其实是高管出身，论背景，他原是赫赫有名的天蓬元帅，论本领，他也不比孙悟空差多少。或许在辨别妖怪、变化分身方面，他不及孙悟空，但要是真发起狠、打起架来，输赢胜负尚无定论。猪八戒的身上，体现了创业者的能力。

毋庸置疑，孙悟空的能力很强，一根铁棒战天下，身负七十二般变化，一个跟斗可翻十万八千里，但最令人印象深刻的是他那双明辨是非的火眼金睛。谁是妖怪、谁是神仙，一看便知。如果放到创业层面，孙悟空具备的能力代表创业者的认知力，何处有机会、何处有风险，他都能一一看穿。

唐僧是一个比较有争议的人物。除了念经，他手无缚鸡之力，经常忠奸不分，错怪好人。换句话说，他既不具备出众的管理能力，也没有强大的认知力。这样的一个人，为何成为取经团队的领导人物？原因在于，他此心坚定，不至西天绝不回头，具备极其强大的意志和信念。正是因为有了他，取经团队才能历经九九八十一难，最终取得真经、修成正果，他身上体现的正是心力对创业起到的重要作用。

在取经团队中，唐僧是师父，处于团队的核心位置，体现认知力的孙悟空是大师兄，居于第二位，能力强的猪八戒再次之，最下方的是代表中层管理者的沙僧。心力、认知力、能力这三者孰轻孰重，不言而喻。

能力之上是认知力

“时无英雄，使竖子成名”，这种情况或许会有，但如果仔细研究历史，你会发现，更多的时候，杰出人物之所以能取得成就，恰恰就是因为他们能力出众，认知力水平高。

回到创业活动中，会英语、懂财务、写代码、讲故事、做运营等，都对创业者的能力提出了要求。对创业者来说，掌握这些能力当然十分重要，但是有些能力和认知力之间的边界并不清晰。比如，对趋势性机会的判断能力、搭便车的能力、把握价值洼地的能力、创造机会的能力、战略框架的搭建能力以及与人合作的能力等。但这些能力都仅仅停留在战术层面，拥有它们，确实能让创业者打赢几场小规模的“战役”，却无法让创业者赢得最后的胜利。

比如楚汉之争。刘邦出身农家，豁达大度，不事生产。但他知人善任、虚心纳谏。反观项羽，武勇过人也不乏谋略，作战能力极强，令世人刮目相看，是公认的“西楚霸王”。然而，识人不明、错判大势体现了他认知力匮乏的短板，最终垓下一战败北后只能自刎于乌江边。

创业好比“打仗”，优秀的创业者在“开战”之前，便有七分胜算。这七分胜算来自他的认知力，打的就是认知力之仗。特别是在面对竞争对手时，双方的“搏杀”其实是两军将领的认知思维系统在“交战”。

无论对一个人还是对一家企业来说，认知力就像一个杠杆，这个人或这家企业的领导者做的每一件事、每一个决定，无论好的还是坏的，其效能都在杠杆的作用下累加，最终的结果会受到前期行为几倍甚至几十倍的影响。

因此，一个创业者真正的精进，一家企业真正的成长与超越，不是将对手“打死”，而是在认知深度上将自己“逼疯”。所有的能力只是一种配合的手段，关键是创业者必须有一个完善的底层认知系统，这样才有可能将思考升维、将打击降维。如果认知出现差错，哪怕执行得再高效，本质上都是在增加成本，执行得越彻底，成本损耗得越厉害，结果与目标离得越远。

李清照评价项羽“生当作人杰，死亦为鬼雄”，但在我看来，项羽和刘邦相比，他的不足十分明显，最终输给刘邦也在情理之中。

在此，希望大家能够注意到创业中的一大误区——很多创业者在自己还没想清楚该怎么办或者看不清前方的路时，就会循着自己的能力隧道钻进细节和具体事务中去，而忽视了更重要的事情。

毕竟，所谓能力，其实就像是知道茴香豆的“茴”字有几种写法，就像会背唐诗三百首和圆周率小数点后 50 位。简单来讲，能力是熟练掌握和使用一种技能，属于封闭条件下的技能组合。优秀的创业者具备的技能可能更多一些，就像是手里抓了一把好牌。但如果缺乏认知力的支撑，一把好牌也有可能被打得稀烂。创业者需要做的事情，便是通过认知力将这些能力串联起来，让它们发生化学反应，将其变成一种势能。

认知力之上是心力

与认知力相比，刘邦的身上更多地体现了一个创业者的心力水平。

刘邦说过这样一段话：“夫运筹策帷帐之中，决胜于千里之外，吾不如子房；镇国家，抚百姓，给馈饷，不绝粮道，吾不如萧何；连百万之军，战必胜，攻必取，吾不如韩信。”

刘邦提到的这三个人被后世称为“汉初三杰”，他们为西汉立下了不朽功勋。在这三个人中，韩信负责前线，百战百胜；萧何负责后勤，调度得当；张良出谋划策、运筹帷幄。韩信和萧何的能力代表创业者对内和对外的两种杰出能力。张良的表现，体现了创业者的认知力水平。而刘邦是那种志向远大、百折不挠的人，心力极其强大，与一生之敌项羽交手时，屡战屡败，但屡败屡战，从不放弃自己的梦想。

从认知到行动，中间还存在巨大的损耗。要想弥补，就需要心力的加持。换句话说，认知力水平的高低决定了你能否认出“白骨精”，能否识破创业路上的各种阴谋诡计、陷阱、弯路，心力的强弱决定了你在一次次被打倒、被质疑后，还能否站起来，不畏惧、不灰心、经受住诱惑，坚持走到终点。

这一点，在三国时期刘备的创业团队中体现得淋漓尽致。

关、张、赵、马、黄，五虎大将各个独当一面，带兵打仗的能力不用多说。诸葛武侯隆中献策，身居陋室便能看到天下三分的大势走向，拥有极其高水平的认知力。刘备虽号称“大汉皇叔”，但他的创业之路充满坎坷。从织席、贩履开始，十几年奔波劳顿，率领团队先后投奔过孔融、曹操、袁绍、刘表等人，丢城失地、屡屡受挫，始终难展胸中之志，尽管如此，他一路走来从未放弃，最终开创蜀汉基业。与秉承父兄基业、“气吞万里如虎”的“富三代”孙权和胸怀大略的一代枭雄曹操相比，刘备也不遑多让，这又是其心力发挥重要作用的体现。

任何成功的团队都需要一个心力强大的领导者，就像刘邦之于大汉，刘备之于蜀国……这些强者，既是认知力方面的佼佼者，也是整个团队力量的源泉和凝聚力的核心。

这些强者往往有一个共性——心力强大。正所谓“泰山崩于前而色不变，麋鹿兴于左而目不瞬”，遇到大事不慌张，明白现实的残酷，保持冷静和清醒，勇往直前；同时，面对诱惑时也能“此心不动”。

当然，这样说并不是在否认能力和认知力的作用，而是说三者作用不同、产生的影响不同。具体到创业活动中，只有将三者结合在一起，才有可能发挥其最大的作用。

对创业者而言，过去的几十年，中国的创业环境十分友好，不敢说遍地都是机会，但确实存在很大的发展空间。在这样一个创业的好时代，如果你的能力和认知力到位，同时具备强大的心力，肯付出、打不倒，遇到未知问题能够快速解决，不自我设限，勇于突破盲点、升级认知，就很有希望取得成功。

突破困境，找到方向

在创业过程中，创业者的心力和认知力发挥的作用无处不在。根据长期的研究和复盘，我发现，心力最常匹配的关键词是“困难”，而认知力最常匹配的关键词是“判断”和“方向”。由此，我得出了关于心学的第二个推论：心力越强大，困难越小；认知力水平越高，越能区分陷阱与机会。

心力越强大，困难越小

一个人能力所及的范围，就是一个小天地、小乾坤。这个天地里装着我们所有的能量，除了感受得到的那部分能量，还有一部分隐藏的能量，由一个隐形的开关控制着。在我见过的创业者中，有些人将这部分隐藏的能量激活了，而有些人的隐藏能量一直在沉睡。这种隐藏的能量，其实就是心力，而这个隐形的开关，就是困难。

在创业过程中，很多事情都需要心力的支撑。特别是遇到困难、麻烦、压力时，心力不强的人，往往容易放弃。而如果你的心力足够强大，就可以激活这部分潜能。同时，它会带出一股势能，只要你的意志足够坚定，它就能够发挥巨大的威力——逢山开路、遇水架桥，最终带你突破困境，找到出路。经过反复锤炼之后，你的内心也会愈加坚定。

小牛电动曾经遭受重创，但在经历挫折和困难之后，它还能实现业务的迅速增长，并成功首次公开募股（IPO），我相信未来没有什么困难可以难倒它。

困境，有时像武侠小说中的幻境，如果你的意志不够坚定，就会被迫沿着那个黑色的漩涡一直沉沦；你会被困其中，找不到向上的那股力量，永远无法自救。相反，当一个人的心力越来越强大时，他就能心无旁骛，从而找到突破点，困难也就一击即溃。

有位禅师说过："精进勇猛，有大愿力，难的会变为易。疏散放逸，悠悠忽忽，易的也变为难。"

归根结底，心力和困难是相对的。遇到同样的事情、身处同样的处境，心力强大的人，可能只是将困难当作必经之路上的一点波动，会用积极的心态和策略去调整、去解决。而心力不强的人，遭遇一点挫折都会感到痛苦、觉得备受打击，遇到大的困境就觉得天塌下来了，除了放弃，他们根本不知道如何是好。

还记得在2018年，我带着"梅花帮"的几位CEO一起挑战茶马古道。走在海拔3332米、全程50公里泥泞湿滑的道路上，途中还要穿越湿地、雨林、湖泊，如果我们的心力不够强大，就可能每走一步都会想放弃；如果我们始终信念坚定、充满斗志，就会挑战成功。

对创业者来说，要想克服艰难险阻，首先就要增强自己的心力。当心力足够强大、信念足够坚定时，你面前的困难相对就会变小，你也就能突破困境。

认知力水平越高，越能区分陷阱与机会

在创业的路上，机会很多，陷阱也很多。创业者只有具备足够高的认知力水平，才能识别前方是“陷阱”还是“馅饼”，是“机关”还是“机遇”。

认知力水平与落入陷阱的概率是负相关的关系。认知力水平越高，越不容易落入陷阱；认知力水平越低，则越容易落入陷阱。如果你认真观察就会发现，越是认知力水平低的人，越容易被骗，蒙受的损失也越大。

认知力水平越高，搭便车的机会就越多。很多创业者觉得自己很厉害，以为世界就是这样的：努力、努力、再努力，加班、加班、再加班，“逼疯”自己，“逼死”对手，“战争”就结束了。

实际上，战略不是拼尽力气把竞争对手“逼死”，把自己忙晕，而是看你对行业有没有超出竞争对手的、与众不同的认知，看你能不能投入最小的代价取得最大的成效，搭便车就是一种很好的战略。

当然，能站在巨人的肩膀上成长也是一种本事。之所以能搭上便车，前提是你要能发现这样的趋势，同时能够顺势而为。关于这一点，曾有学员问我这样的问题：“‘搭便车’的能力是不是‘捡馅饼’的能力？天上有‘馅饼’

掉下来，如果你捡到了，‘便车’是不是也就搭上了？”仔细思考之后，我发现两者在本质上存在两点明显的区别。

1. 是否可控

能不能捡到、吃到天上掉下来的馅饼，这纯粹是运气问题。创业成功不能否认运气的作用，但单靠运气想要获得成功，基本上也不太可能。“搭便车”体现的是一个人对战略机会的把握能力，与“捡馅饼”相比，“搭便车”更可控一些，只要创业者不断地提升自己的认知力水平，就有可能抓住“搭便车”的机会。

2. 是否可持续

天上掉的馅饼，吃完就不会再有了。与此同时，给了你一块，行业巨头就会少一块，所以“捡馅饼”本质上是一种零和游戏。

“搭便车”与之不同，被搭的这辆“车”正在行进中，车上原本有 4 个座位，两个有人、两个空着，你坐上去之后，车还会继续向前行驶，“搭便车”的企业和被搭车的企业从此便是命运共同体，彼此成就，共同发展。

> 趣学车刚起步的时候，需要市场知名度。刘老木思考之后，找到了同为“梅花帮”的罗敏。两个人只聊了一次，就敲定了合作方向。分发的宣传单一面印着趣学车，一面印着趣店，两家企业名字相近，产品又可以互相背书，势能大大增加，最后双方都从这次合作中获益。

对创业者来说，如今容易打的“仗”已经打完了。怎么办？创业者必须结合趋势和整体战略思考，投入足够多的精力和时间，去构建自己对行业格局的认知。在繁杂纷扰的信息中，创业者必须穿透繁杂的信息进行深度思考，然后在纷繁复杂的信息中找到鲜为人知的机会，趁大家还不完全懂的时候突然“发起进攻”。

进入投资行业数年，我碰到过上千个创业项目，也约见了无数创业者。在此过程中，如果碰上我特别看好的项目或创始人，我便会运用各种影响力，尽一切可能争取一些投资份额，甚至立即打款过去。

梅花创投成立伊始，全公司只有两名员工，很容易被人当成一家骗子公司。福佑卡车的创始人单丹丹带着项目找到我们，当时福佑卡车同时接触了好几家投资机构，为了把握住机会，我当机立断，直接与单丹丹敲定了投资细节。

在2019年下半年，我们又投资了一个小程序电商项目，创始人来自寺库的联合创始团队。简单交流之后，我觉得项目不错，马上将小伙伴们都叫进了办公室，和对方谈了将近一个下午，一方面说服对方接受梅花创投的投资；另一方面说服对方将估值降到合理的区间。最后，我们成功地争取到了这个项目的投资份额。

在梅花创投投资这个项目之后的第三周，这个项目就从几家风险投资机构手中拿到了新一轮的融资，总估值比梅花创投投资时高出不少。后来回想，如果当时我稍有犹豫，就有可能与这次机会擦肩而过。

对投资人来说，好项目其实就是战略机会，所以我经常说，遇到好项目一定要尽可能地“抢”到手。

好项目不是坐在办公室里等来的或是参加路演看来的。很多时候，你需要具备高水平的认知力和敏锐的“嗅觉”，在接触项目的那一刻，就能快速地做出判断，想方设法地在别人出手之前拿下它。稍有犹豫，机会就会从你的指缝中溜走。

创业成功率的推算公式

对创业者来说，能力体现的是解决已知问题的水平，认知力体现的是解决未知的问题的水平，心力体现的是明白现实的残酷之后仍然坚持干的水平。创业成功率等于能力、认知力和心力三者相乘的结果再除以做某事实际需要的能力。这就是我总结的关于创业心学的第三个推论。

以阳明先生为例。早年求学考试时，他的认知力为 40%、心力为 60%、能力为 80%，而实际需要的能力为 99%，所以他做事的成功率大约是 20%。

这当然不是说当时他的能力比其他人的能力差，而是因为他从小与众不同，对科举考试、读书做官的理解与别人不一样，所以在认知力水平上，相对于其他人，他并不占优势。在心力方面，因为他的目标是“做圣贤”，所以对科举高中、做官等少了很多热切之情，所以，他两次参加科举考试都没中。

后来做官，他的认知力为 80%、心力为 80%、能力为 80%，而实际需要的能力为 100%，所以他做事的成功率达到了 50% 以上。

对一名深受儒家思想影响的文官来说，他一生最看重的事业是“为天地立心、为生民立命、为往圣继绝学、为万世开太平”，是要当“圣贤”。但对当时的官场来说，阳明先生有些格格不入，所以与他一生的学术成就相比，他的政绩应该是不算太高的。

心学有所成之后，阳明先生带兵打仗，可谓战无不胜。这时，他的认知力为满分，经过困难的磨砺和自己的修行，他的心力也达到满分。至于带兵作战的能力，虽然阳明先生并非武将出身，为人也很谦虚，自称“将略平生非所长”，但他“大明军神”的称号也并非浪得虚名。

他自幼研读兵法，还经常在各种场合进行实操演练，小时候呼朋唤友一起玩打仗游戏，中了进士在工部督造干活时也要组织民夫演练阵法，甚至灵感来了会利用茶几上的杯盏果核过排兵布阵的瘾……可以说，他的军事能力已经超过当时作战所需的实际能力了。

真正的高手从来都是升维取胜，相比战术本身，阳明先生总是能跳出战争本身看战争，更多地着眼于战备、人才培养及使用、士气、人心向背、战后地方治理、民风建设、教育教化等更重要的问题上。所以这个时候，他做事的成功率几乎是100%。

有些努力过、尝试过但最终失败的创业者，他们的失败并不是毫无意义的，至少他们的失败能给别人、给行业带来启发。但是回归本心，没有一个创业者不希望自己成功。

成功也是一个概率问题。做某事的成功率与做事人的能力、认知力、心力以及做某事真正需要的能力息息相关。如果你的能力比实际需要的能力强，那么你创业成功的概率就会大。相反，如果你以当下的能力去做一件你没有把握的事情，那么创业成功的概率就会小很多。同时，这个概率又与你的认知力和心力始终相关。认知力水平不高，你就会落入陷阱、为很多本不必要的事情买单；心力不够强大，你就坚持不下去，遇到困难就想放弃。

同时，通过这个推论，我们还可以得到以下几点启示。

乘法与指数型增长相关，加法与线性增长相关

认真思考一下这个推论，你会发现，成功率是能力、认知力和心力三者相乘的结果，而不是三者的简单相加。乘法与加法的本质区别就在于：乘法与指数型增长相关，加法与线性增长相关。

在现实生活中，我们总会不自觉地陷入线性思维的陷阱，进而得出一些误导性的结论和产生规模缩放适配的错觉。比如，上学时，我们觉得勤能补拙，每天多学几小时，学习成绩就会提高；工作了，只要我们比别人更努力，就会更快地升职加薪；创业时，只要我们比别人更拼命，别人“996”，我“007”，那么我们就会比别人离成功更近一些……

实际上，这些结论不一定正确。任何复杂的事物都存在相互关联的内在逻辑，这些逻辑纵横交错、互相影响，这个复杂系统的运行法则绝对不是 1 ∶ 1 的线性法则，而是涉及指数概念的复杂法则。

对创业者来说，你多学的几小时、多付出的超出常人的努力能锻炼你的能力，让你的能力保持线性增长，但这个增长也是有天花板的，增长的幅度终归有限。一旦有人升维打击，你将必“死”无疑。这就有点像《三体》中描述的世界：人类，不管你是谁，在更高维度的三体人眼里，“你们都是虫子”。

认知力和心力就是能力基础上改变潮水方向的指数。并且，认知力每上升一个维度，你的眼界就会相应拓宽；心力每上升一个层次，你的眼界就会又拓宽一格。横向、纵向相互作用，你才能实现“裂变式成长”或者宏观维度上的跃迁。

回归方法论就是，我们要花更多的时间，比别人站在更高的维度上，确认方向、打法，然后执行的时候要比别人更拼命。

还有一点要说明，我们一直强调，能力之上是认知力，认知力之上是心力，也一直强调认知力和心力的重要性，但这不是说能力不重要。创业者需要同时具备这三点，而不能有所偏废。如果某一项是零，那么整个创业活动的结果也会是零。

选择的赛道不同，对赛道的认知就会不同

认知力水平是一个相对状态，心力强弱是一个比较恒定的状态。因为心力强大的人，做每一件事都会比别人更容易坚持。而认知力受限于一个人的

经历、兴趣爱好等，很可能在不同的行业表现出不同的层次水平、广度和深度。

> 在很多次采访中，我都被问到这样的问题：“你觉得自己更适合创业还是投资？”或者“为什么作为投资人的自己会比作为创业者的自己更成功？”
>
> 我认真思考过这个问题，后来发现自己还是更适合做投资。这与自己的性格和认知都有关系，我的个人兴趣爱好比较广泛，并且也愿意做链接式的工作，而不是死磕一个点。这些都与投资的匹配度更高一些。
>
> 我之前的几次创业都没有获得较大的成功，心中觉得有点缺憾。对我来说，如果能创办一家早期投资机构，并且能够帮助很多创业者，这将是我人生的一个重要机会。我对自己的定位是“做创业者背后的超级天使”，想象一下，10 年后我站在 100 位成功的创业者背后，我是他们的推手，助他们一路走向辉煌，那时的我也会满怀荣耀、心中充满成就感。

在不同的行业中创业，同一个人的心力和能力都不会发生变化，但对行业的认知力水平可能表现得非常不一样。

就像阳明先生一样，他能成为明朝大儒，能被称为“大明军神”，但在官场上很难达到世人所理解的那种高度。从他与一些官员的来往中我们不难看出，他绝非不懂为官之道，只是他的追求不在此处，认知力不匹配。

正如他所倡导的“知行合一”一样，“知”不是要知道，也不是知道了就要去做，它的真实含义在于，“知道”和“做到”本身就是一回事。当你真的领悟了某件事，就一定会做到；之所以没做到，是因为你并没有真的领悟。

创业也是一样，认知力一定要与行业相匹配。在我看来，认知力就像我们大脑里的安全卫士，它不断地审视我们大脑中产生的每个想法，并进一步判断其是否正确，又进一步纠正我们的思考方式和结果。

选择更低能力要求的赛道，可以提高创业成功率

如果实际需要的能力是99分，而创业者的能力只有80分，认知力水平不高，心力也不够强大，那么他的创业成功率就会很低，并且越坚持，成功率会越低，因为碰到的竞争对手会越来越强大，同时需要的能力分也会越来越高。

比如有个创业者，要做一个社交项目，上来就要挑战腾讯甚至要颠覆微信。从现实的角度考虑，这个创业难度是巨大的。因为腾讯尤其是微信发展到今天，已经非常成熟，用户习惯也已经养成。任何一个新进入赛道的人，想要挑战、颠覆它，需要的都不仅仅是100分的能力，而是超能力。所以，他的创业成功率会很低。

选择有困难、有挑战的事情去做是正确的。但是，凡事要基于正确的认知。例如，一个从来不运动、不锻炼身体的人，非要明天就去攀登珠穆朗玛峰，这就是认知偏差，他对自己的能力没有一个清醒的认识。

每个赛道需要的能力是不一样的，选择更低能力要求的赛道，无疑更容易成功。当然，这样的赛道通常更拥挤，也更难获得较大的成功。

一个人积小胜为大胜，一步步选择当下最适合自己能力的赛道去创业，其实也是一种成功的选择。

第九章
创业心学的终极目标

创业是理想与现实的结合体。如果创业者没有一点理想主义，就很容易出现后续乏力的情况。同样，如果没有现实主义做支撑，那么理想终将变成空想。创业心学最重要的目标甚至可以说终极目标，就是将理想主义与现实主义交融，让每一位创业者都能成为现实的理想主义者。

做一个现实的理想主义者

创业心学有一个核心目标——让每一位创业者成为现实的理想主义者，这也是我研究阳明心学得出的结论之一。

做一个现实的理想主义者，具体包括两层含义：第一，以理想主义为底色，致良知，不忘初心，知行合一；第二，能以现实主义为武器，此心不动，实事求是，难上得，最终做到知行合一。

只有乐观的创业者，才能赢得未来

对创业者来说，如今的时代是一个始终不乏创业机会的时代！用创业改变人生、改变世界、改变人们的生活方式，这个理想或许过于恢宏，但谁也不能否认，已经有很多人，正在将这个愿景转化为愈发清晰的事实，并且未来还会有更多的人加入其中。

对创业者来说，创业或是基于对权力、财富、声望、荣誉的追求，或是出于对自我价值的追寻，或是缘于成功范例的激励和指引，但回归本质，创业绝不仅仅是为了追求财富、声望等，而是一次掺杂了成与败、荣与辱的心智历练旅程。

所以，创业者的骨子里有点理想主义很重要。很多伟大的企业家都是理想主义者，因为如果没有理想，他们就不可能坚持到最后。特别是那些连续创业者，在一轮又一轮困难及失败的折磨下，如果没有热情和理想驱动，我想不出还有什么能让他们坚持下去。

我认为，无论成败，创业者都是值得尊敬的人；是这个世界上最勇敢的、内心最强大的人；是既有梦想又渴望成就感的人；是努力想要改变世界的人。他们是真正的理想主义者。

> 赤子城的刘春河，谈到为什么创业，为什么要做赤子城时说过，他们就是一群理想主义者，不太爱钱，总想着这辈子能成就一番事业。所以即使遇到再大的困难，他们也能够依靠内心的力量找到一点光亮，然后继续坚持。他说这是"一群傻傻的理想主义者，在傻傻地坚持着理想"。其实，就是理想在驱动着他们。

很多时候，人其实就是靠着这点理想活着。就像推着石头上山的西西弗斯，虽然巨石每天都会崩塌滚落，不断重复、枯燥的动作会吞噬大量的精力和努力，但爬上山顶这个理想以及他为此进行的斗争，就足以让他感到踏实并时刻充满力量。

理想源于现实，但又会高于现实，所以创业理想总能给创业者提供源源不断的指引和激励，并让他们摆脱短期的利害得失，拥有长久的自信与乐观。

趣学车的理想是“成为驾培行业的领跑者”，刘老木说这个理想要用 5~10 年的时间来完成；他们的使命是要“让天下没有难考的驾照，成为‘马路杀手’的‘杀手’”，为了实现这个使命，他们准备花费 99 年的时间。

我亲眼看着这个项目从 0 到 1 做起来，在这个过程中，他们经历了很多困难。但正因为整个团队相信“相信的力量”，相信这些一定都能实现，才一步步走到今天。

刘老木也说过这样一句话：“哪个创业者不是个‘傻子’？那些躲又无处躲、死又死不了的时刻，不是个‘傻子’，还真扛不过来。”他还总结出创业者必备的几个特质——乐观、皮实、有毅力，坚定、勇猛、有梦想。

虽然我参与过多次创业，也做投资人，但对我而言，无论以前还是现在，做这些事情并不全是资本在驱动，其中包含浓浓的理想主义情怀。做酷讯网的时候，我希望用技术解决诸如租房、买卖二手房等问题。现在做投资人，也是希望帮助更多的年轻创业者更好地成长。

在创业这条路上，遭遇失败是大概率事件，遇见成功是小概率事件。创业团队要迈过一个又一个槛儿，在这个过程中，难免有人分心，有人落后，只有保有一腔看似有点疯狂的理想主义情怀，关键时刻才能扛得住。

特别是现在，整个世界都在以一种颠覆人们思维和观念的方式发生着巨变。而明显加快的商业步伐，以及经济增速放缓带来的资本寒冬，无疑更加考验创业者。但不管怎样，理想主义都为整个创业之路增色不少。

创业者在创业之前要问自己：有没有一点理想主义的情怀？是否拥有要做成点什么、改变点什么的宏大理想？面对失败，能不能激情不改？敢不敢义无反顾地跳进创业的大潮，逐浪前行、激流勇进？……

弄清以上这些问题，创业者才算是完成了与内在自我的第一次对话，并且，只有全部给出肯定的回答，创业者才有足够强大的心力支撑自己从谷底到巅峰，走好创业过程中的每一步。

仰望星空，脚踏实地

创业需要理想主义，更需要根植于现实的理想主义。现在很多人对理想主义并不认可。但是仔细分析，你会发现，大家反对的理想主义是拒绝现实、脱离现实甚至反现实的理想主义。这种理想主义，是凭空构建一个宏大目标，或者构建了宏大目标之后没有通过行动与现实跟进的“理想主义”。

只有从现实出发，才能通往理想的成功之路。回归创业，真正的理想主义者不是浮躁和不切实际的人，而是既能仰望星空又能脚踏实地，时刻从现实出发，在摸爬滚打中努力坚持的人。

趣学车刚成立的时候，没有产品经理，没有技术团队，也没有 UI 设计师。为了上线当时 1.0 版本的 App，刘老木不得已借用兄弟公司的平面设计师为他们手绘“交互图”。连续 5 天，他们每天加班到后半夜。

加班到最后一天凌晨两点半的时候，设计师对刘老木说：“刘老木，要不是看你费劲地趴在地板上带着我干活，老子早就不干了。不过，现在我必须走了，因为我的老婆已经进产房了！”

趣学车最艰难的时候，团队成员只剩下 5 个人。刘老木很受打击，在深秋九月的一个凌晨，他骑电动车去北三环。他骑着骑着就想开了，回来继续奋斗。现在一切理顺，他对我开玩笑说：“我知道 CEO 必须拼命，但最开始以为只需要努力一段时间就可以了，没想到公司都成立这么长时间了，自己还得拼命，丝毫没有传说中当上 CEO、走上人生巅峰的感觉。”

理想主义很重要。但是，**创业不可避免地需要一面可倚靠的墙，就像你的身体终究在大地上要有一个落脚点一样**。无论什么时候，创业者都不可能脱离现实而存在。也只有回到现实，他才能把创业问题从一个完全开放式问题变成一个又一个的封闭式问题。虽然这些问题可能不再像理想主义者思考的问题那样有情怀，但它们开始变得简单、变得有解，变得有路可走。

理想是什么？理想也是一种现实——你希望在未来实现的现实。要想从此岸到达彼岸，光凭理想主义远远不够，我们必须深入现实世界，看清现实世界中的一切难题，探索出一条从现实到理想的通道，然后在现实中推进，在现实中解决问题，直到曾经的理想、愿景变成现实。

成为一个现实的理想主义者

对于理想与现实，如果创业者只关注其中一样，就很难成功。如果创业者没有一点理想主义，不但自己容易心力不足、半途放弃，还很难获得人心。但是过于强调理想、情怀的创业者，我也会特别警惕，因为他们可能会完全脱离现实，很难处理复杂的事情。

所以，创业心学的意义，并不是帮助创业者成为纯粹的理想主义者或者纯粹的现实主义者，而是帮助创业者成为现实的理想主义者。

在创业之路上，理想与现实并行。其中，既有改变现状的浩然理想、单刀直入的孤勇，也有匍匐在路上的难处与艰辛。只有现实的理想主义者，才能既保持理想主义精神，让整个创业团队看到方向，获得力量，不因一时的困难、挫折而放弃，又怀有现实主义精神，做好每一个阶段要做的事情，让整个创业团队在创业之路上走得更稳健。

通过改变自己，提高创业成功率

如何改变自己和如何提高创业成功率，在本质上属于同一个问题。特别是对创业者来说，只有从创业本身出发，以提升认知力和心力为轨道，不断地与自己“较劲”，才能让个人和团队保持开放的心态，才能让自己拥有更加通透的人生，才能让企业拥有更广阔的未来。

对创业者来说，创业心学就是这样一个不断提升自己、完善自己的闭环。具体来说，创业者应该怎么办呢？

要敢于否定自己

关于创业，无论是谁，都没有办法做到永远正确。世界的发展是不连续性的，创业是充满不确定性的。在上一个周期成立的方法论和思想，到了下一个周期很可能就变成了阻碍企业进步的障碍。

创业者能够认识并承认自己错了，敢于否定自我，是证明他依旧还是创新者的标志。罗振宇说过一句非常有意思的话：“打脸，证明我进步了。”确实，人心中固有的认知、偏见就像一座大山。搬走这座大山，就意味着完成了一定程度的认知升级，而敢于否定自己，也意味着心力有所增强。只有这样，创业者才能接收更多有效的信息。

华为公司现在已经是一家非常成功的企业了，无论是从业绩还是影响力来看，都堪称世界级的企业。也正因为如此，华为公司的发展越来越有一种走入无人区的态势——无人领航、无既定规则，甚至近身之内无人跟随。在这种情况下，要想持续发展，只有不断地否定自己。在华为的企业文化中，有一种非常重要的文化，那就是要敢于否定自我。为此，华为公司甚至专门制定了“蓝军战略”。

熟悉军事的人都知道，军事演习常常通过红蓝两方的对抗展开。华为公司的“蓝军战略”即取意于此，“蓝军”存在的意义就是站在竞争对手的角度思考如何打败华为，借此不断验证、否定自己，保证决策的科学性与合理性。

华为公司创始人任正非是一个敢于自我否定，并且把自我否定当成一种非常重要的领导气质的人，他说过：“今天恰恰可能是华为最脆弱的时候。为什么呢？成功容易让人变得怠惰和自大，让组织变得盲目骄傲和故步自封。精美的地毯下布满了细菌，一个国家如此，一个组织如此，一个企业同样如此。警惕这些细菌的滋生繁衍就是在为企业加固未来。”

心外无物，心外无理，人最大的“敌人”一定是自己。在取得一些成就的时候，创业者的内心最容易膨胀。或许，创业者会愿意学习，愿意带领团队开拓市场，愿意通宵达旦、加班加点吃点苦，愿意拿出点钱做点好事，但就是不愿意否定自我。有的创业者明知自己有问题，但出于维护面子和权威的心理不愿承认，更严重者甚至会一条道走到黑。

所以，一个组织，除了各项显性成本，还有一项隐性成本，那就是领导者的尊严和面子。通常，企业创始人就是企业最后的屏障，如果员工错了，还有他来纠错，但如果他自己犯了错却不及时改正，而是为了维护面子继续追加投资，那最后很可能把公司弄垮。

要不断地调整节奏和行动方向

前面说过，有车以后的崛起完全依赖于微信生态，公司发展前期，80%以上的用户都在微信生态圈中。在前期，我也向徐晨华提过一些建议，比如让他把当时的业务重心放在公众号的运营上，将其作为主战场，在企业发展到一定阶段之后，再定下战略扩大边际战场，比如进入App赛道。

后来，微信推出小程序之后，徐晨华开始将重心放在“公众号+小程序”上。

徐晨华和我一直都有一个共识：一家创业公司如果只有小程序，业务能力是很脆弱的。特别是现在市场竞争日益激烈，如果一个项目还处在只看用户增长的阶段，那么它受到的影响会比较大。

从投资的角度来看，很多投资人对小程序的变现和留存能力持怀疑态度。增长之后的下一个关口，用户还在不在、变现顺利与否等，这些都是投资人要考虑的潜在问题。之前的确有一些小程序明星企业在变现上遭遇了挑战，所以投资人有这种担心是非常正常的。后来，随着环境的变化和企业的发展，有车以后不断地调整节奏和方向，有车以后的广告语也从最早的“帮亿万人买车用车”改为“分享千万买车经验”。“分享”二字足见有车以后的产品具有强大的社交属性，并且呈现出它和汽车之家越来越大的差异化优势。

2019 年第一天，有车以后宣布自己拿到了新一轮 2 亿元的融资。但大家可能不知道的是，在这一轮融资中，有车以后只释放了 10% 的股份，基本上都是老股东抢着跟投，腾讯甚至表现出想要完全独占这一轮释放出的股份。当然，最终谈下来的结果还是几家各自投资一些。

我们从中也能看出投资人对这一赛道和有车以后的信心，梅花创投几轮跟投下来，现在持有有车以后的股份已经很多了。我们一直增持的逻辑是什么呢？其中非常关键的一点就是，有车以后处在正确的赛道上，并且纵观有车以后的发展历程，小程序只是它整个运营矩阵的一个组成部分，只是整个闭环中的一个环节，属于增量，在这之外还有公众号、App、社群等。

在我看来，早期阶段，创业者可以凭借令人兴奋的创新手段和数据打动投资人，这很正常。但到了 B 轮之后，如果创业者还只有小程序，业务增长就很难了，因此需要有更纵深的布局。有车以后把这些都补齐了。之前，有车以后在小程序端就有很强的用户获取能力，在此基础上，它将用户引导到社群、公众号、App 等业务形态中，通过技术手段将小程序、微信社群、App 的用户账号体系打通，在数据层面打造多触点的业务形态，并以“数据驱动内容+交易的商业模式”形成一条完整的链条。

它构建了一个扎实的媒体矩阵，并且不仅有做媒体内容的能力、小程序的裂变能力，还在团队中补足了销售能力、活动运营能力和电商运营能力。对一个创业团队来说，有纵深能力是非常难得的。

类比木桶理论，投资人通常先看中某个团队的长板，但团队不能满足于只有一个长板，而应该不停地补短板，当所有短板都被补足时，这个团队在行业中的影响力就会与日俱增。综合来看，如果一款产品做得比较厚重、扎实，所处的赛道正确，营收能力也已经显现出来，投资机构就会非常关注。这也值得很多小程序创业者借鉴。

创业节奏很重要。企业发展的每一个阶段有每一个阶段的特点，所以我说抛开剂量谈毒性、离开阶段谈发展，都是在“耍流氓”。

有些初创公司，一冲上来不管三七二十一就做 App，业务简单到明明微信服务号就可以解决，非要赶时髦做 App，其实两者的效果差别不大，但微信服务号的运营成本只有 App 开发成本的 1/10。如果你投入大量精力做出的 App 并不是用户想要的，就更糟糕，因为试错、改错的成本都会非常高。

当企业过了那个阶段，在产业升级、消费升级的大环境下，企业的打法也要随之不断升级。这个时候，如果企业还对自己过去的专业经验过分自信，不对过去的打法进行升级，在新的创业环境里就会遇到大麻烦。

所以，创业者一定要认清自己公司所处的具体发展阶段，随着阶段调整工作的重心、方向和节奏。

知行合一，在工作中修行

阳明先生一生都在遵循“政学合一”“知行合一”的原则。被任命为庐陵县令几个月后，他给弟子们写了一封信，最后说道：“所谓‘修己治人，本无二道。政事虽剧，亦皆学问之地。’”

但凡工作场所，都是修行之地；工作任务越繁重，越是修行的好时机。对创业者来说，这个工作场所就是企业。

当代日本最尊崇王阳明的企业家，是被称为“日本经营之圣”的稻盛和夫，他曾经创立了两家世界500强企业——京瓷和KDDI通信公司，晚年挽救日航于水火之中，后皈依佛门，将心圆满。

稻盛和夫有自己的一套经营哲学，但我们仔细研究不难发现，他的经营哲学中，到处都是王阳明“致良知”的影子。在《活法》一书中，他也提出“工作即修行”的观点。他认为，所谓精进，就是全身心地投入工作之中，这样才是提升心性和自我水平的最好方法。

有人说，创业者要干3件事：“杀人”“杀敌”“杀自己”。其中，“杀人”是指根据企业的发展逐步淘汰不合适的人；“杀敌”是指要与竞争对手硬碰硬，找到自己在竞争中的制高点；“杀自己”则是要消灭过去那个认知力水平处于低层次的自己。当然，创业者只有做到最后一点，才有可能更好地完成前两点。

创业者的认知边界，决定了一家企业的发展边界。为了不被时代淘汰，“不断学习”是每个人都应该做到的，而一位优秀的创业者还必须具备一种不断向深处追问的精神，然后将答案内化为自己的认知，让“所学”最终变成“所用”。

除此之外，刘老木总结了“创业者必备的4个素养”，这4个素养不仅很有意思，还具有借鉴意义，在这里分享给大家。

第一，思想深邃如哲学家，没有哲学思想是搞不定的。

第二，心术高尚正直如元禄武士，尽量让小伙伴占你的便宜。

第三，要有解决实际问题的能力。

第四，劳动人民的身体。创业者经常凌晨三四点才去睡觉，一定要有劳动人民的身体，要坚持锻炼，这一点很重要。

改变自己，让自己不断地适应环境、适应企业的发展，或许才是这个时代创业者的“核心算法”。

对创业者来说，只有不断地升级、打破边界，才能放下曾经紧握的对自我和企业的规划与设计，才能不断地抓住本质、打开局面，才能真正地提高创业成功率。

附　录
与创业心学实验室学员的十问十答

至今，吴世春的创业心学实验室已经开设了 7 期。为了更好地帮助创业者解决在创业过程中遇到的实际问题，附录中撷取了我与实验室学员之间的 10 段对话，内容涵盖低频领域能不能做、传统行业是否还有机会、风口项目要不要做、如何看待做大做强和融资上市等比较常见的问题，希望能对大家有所启发。

问题一

学员：张寒枫（创业心学实验室学员　去买票创始人）

问题：对于一些低频消费的领域，您怎么看？

吴世春：规模小、低频消费、偏安一隅的市场，都是做不大的。

比如当时做团购生意的时候，在所有的团购项目中，餐饮项目是占比最大的。成规模的、高频消费的打规模小的、低频消费的，就相当于外星人打地球人，属于高维的文明打低维的文明。就像《三体》中所说的，高维的文明打低维的文明只需要投一个二向箔就可以了。所以做一些低频消费的项目，比如美发的团购都是不成立的，最后都会被高频消费的打败。

在旅游市场，高频用户一年出行五六次，低频用户一年出行一两次。我们可以大致估算一下，中国一年可能有40多亿人次出行，但是很多人在出行方面是非常低频的。比如生活在一线城市中的白领，可能除了郊区游，他们一年中真正去其他一些城市（比如大连、厦门）也就两三次，是低频用户。

这样，要让他们下载一个旅游 App 的难度是很大的。

还有一个规模效应。为什么滴滴出行在四轮车出行市场上遥遥领先，从出租车业务开始，后来增加了专车业务、顺风车业务以及巴士业务？这是因为它抓住了消费最高频的领域、最有规模的领域、与用户接触点最多的领域。一个市场最关键的地方，就是拥有最高势能的地方。

像单车出行市场，北京、上海、深圳这 3 个城市是最关键的地方。谁能在这几个城市占据最高的市场份额，谁就拥有最高势能，因为这 3 个城市的用户最多，并且最愿意尝试新事物，也最愿意在朋友圈传播。但凡一个新的商业模式出来，这 3 个城市，加上广州，这 4 个城市是制高点。离开这 4 个城市，先去西南或者成都、武汉那边争夺一个区域性市场就没有意义。资本市场也看不到你的成果，大部分资本集中在北上广深，做调研也是在这些城市的街头做，所以创业公司要想持续融资，一定要在这 4 个城市做好，这是制高点。

我的感觉是，创业者一定要抓住一个市场最关键的地方。中国是一个偏统一性的市场，很少出现偏安一隅的机会。在最早的互联网时代，南京有西祠胡同、杭州有 19 楼。那时还会有所谓的地方性社区，但是越往后，市场地域界线就越模糊。这是中国作为一个巨大市场的魅力所在，这种市场确实很残酷，如果你不能从中取胜，前面的投入很多都会打水漂。一旦取胜，规模很小的市场里就可能诞生几十亿美元的大生意。

创业者生在这个时代、生在中国是非常幸运的。如果是在新加坡创业，哪怕再努力做、做得再好，它最终也只能拥有几十万用户的市场，因为 2019

年新加坡的常住人口才 500 多万，是一个非常小的市场。

在中国创业，创业者从一开始就必须具有全局观，刚开始就要想象第一步占据哪几个高地，第二步拿下哪几个市场，根据用户的接受程度不断地进入哪几个市场。同时，创业者也要规划好，你做到哪一步，哪些资本会跟进、会迎来什么样的合作伙伴，然后得到更多的资源再去做下一步。

问题二

学员：“花姐”姜蕾（创业心学实验室学员　芯片超人创始人）

问题：现在“芯片超人花姐”已经是芯片行业分销领域的一个 IP 了。我们现在有微信朋友圈、小密圈、微信公众号、微信服务号、QQ 群，又开发了 H5，也开了一个微信课堂，后面还总结了几个细分产品的迭代方法。在每一个细分领域（如验货），我们都开通了相应的微信公众号……通过这些，我们有了一定的用户基础，但是每天都有人问我：“你到底怎么赚钱？”吴总，您觉得我们接下来要怎么做？

吴世春：其实，我觉得这种项目是有生命力的。从开通微信号、微信服务号到开通微信公众号，再到开课，到未来的供应链金融，这样的项目是我特别喜欢的。

就像树的生长是从一颗种子开始的一样，创业是从一点一滴的行动开始的，不是从制订多么远大的目标或者宣布豪言壮语开始的。当然，我觉得在做法上，你们还有创新的空间，可以借鉴我们投资的汽车之家、有车以后的做法，特别是有车以后，它是做汽车新媒体的。我们还投资了机械之家，它是做工程机械的，它的做法都与你的做法有很多相似之处。机械之家是在长沙成立的，因为长沙是中国工程机械之都。它也是从一个小小的微信公众号开始做起的，然后默默地促成供应链金融业务，今年实现了 3000 万 ~4000 万元的收入。

你要定一个目标——能够把行业里的多少人吸引到你的平台上来。在这里，你可能要将这些人划分一下层次，比如，最外层是你的微信公众号的订阅用户，核心层是你的付费客户。

在你所在的垂直领域，关于订阅用户的目标应该是将这个行业中 15%~20% 的用户吸引到你的平台上来。因为只有吸引用户、把用户聚集起来，你才能开设课堂、促成交易。

我觉得你们运营一个 IP 就够了。比如，芯片超人花姐是一个 IP，那么你们就应该围绕这样一个 IP 去运营，并赋予它人格化的形象。

在芯片领域，沟通方式也好，交易方式也罢，都是比较传统的。你会用一种什么样的方式去改变它们、完善它们，为它们进行赋能，我觉得这些是很有价值的。

问题三

学员：张世凯（创业心学实验室学员　开工大吉创始人）

问题：在整个创业过程中，我都非常焦虑。创业者应该如何解决这个问题？

吴世春：我觉得这个社会中的很多人都很焦虑。焦虑本身就是一种动力，如果一个人每天都活得无忧无虑，那么他要么是小孩，要么是拥有佛系心态的人。

我觉得化解焦虑、正确对待焦虑很重要。每当大的浪潮来临时，有人被裹挟其中，有人从中获益。

看到一些利润率较高的创业项目或者新兴产业的创业项目时，有些人会焦虑，不知道要不要做。我建议，你与其焦虑，不如直接不关注这些项目，而是做好自己的事情。

如果你自己没有想清楚、想透一些事情，就不要想着挣这份钱。很多钱都不是自己轻轻松松就能挣到的，很多钱都是在你的认知到位之后你才能挣到的。我自己也一样，我从毕业到现在很多钱都没有挣到，最后只挣到了自己认知到位的那一份钱。

我的身边有很多机会，比如，我之前觉得投资房产、股票的收益会不错，但是在中途略有盈利的时候，我就已经把它们卖掉了。所以，除非你对一件事情研究得特别透彻，否则你只能做好一段时间，不可能一直做好。

这也告诉大家，很多钱别人挣到了，但是你不一定就能挣到，自己做好自己手头的事情，美好的事情自然就会发生。

诱惑也好、焦虑也好，大多来自对比。但是，在这里，我们一定要分清楚哪些是自己能够把握住的机会，哪些绝对不是自己的机会。要想获得成功，只需要把握住一两次机会就够了。

问题四

学员：张康（创业心学实验室学员　TT 直播健身创始人）

问题：健身领域有很多品类。吴老师，您对家庭健身行业怎么看？有什么建议？

吴世春：现在线下健身房都不怎么挣钱，用户对健身房的服务满意度很低，还经常出现健身房倒闭跑路的新闻。家庭健身这种商业模式则更加灵活。在国内有大量的健身初级用户需要被服务，这些用户的需求没有被满足，还有非常大的服务空间，需要有体验更好的产品去满足。所以在这个行业里，产品体验非常重要，企业一定要把体验做好，抓最有价值的链条。从本质上讲，家庭健身行业是教育行业，涉及对人的服务，健身课程内容的积累和用户运营非常关键，企业一定要不遗余力地做好健身内容的打磨。另外，互联网平台可以放大高质量课程的作用，通过线上直播的方式，使原本在线下只能同时服务几十人的优质教练资源得到更广泛的应用，覆盖的用户数量呈现指数型增长，资源利用效率非常高。在这个基础上，你可以增加可穿戴设备或智能硬件的相关服务，以便更好地采集和了解用户的运动数据，为其提供更精准的服务。

问题五

学员：孙卓（创业心学实验室学员　易骑换电创始人）

问题：吴老师，您好！我们是做电动车智能换电的，之前经历过融资，想问一下吴老师，您既有过创业经历，现在又是投资人，能不能从您的角度说一说，您是如何理解融资与创业之间的关系的？

吴世春：我一直认为，对创业者来说，这个时代是特别幸运的时代。2004 年我创业的时候，中国资本市场上做投资的人特别少。2000 年，投资规模 1 亿美元，实际到账大概 5000 万美元，当时，这笔资金可以用于投资中国任何一个项目，几乎没有一家投资机构会与你抢。

那时候投资人的风格是什么？用一个场景来形容：投资人就像是在广场主席台的位置上，你讲你的项目，投资人高高在上。现在十几年发展下来，整个资本链条可以与硅谷的相媲美，从早期的天使轮到 A 轮、B 轮、C 轮，链条非常健全。

对创业者来说，这是一个非常有利的因素。创业离不开 3 个要素：需求、人才和资金。我一直强调认知力的重要性，创业者对资本市场也要有一个较高的认知力水平。如果你能认识到投资人的需求，成为投资人的伙伴，你就没有后顾之忧了。如果认知不到位，你就会觉得投资人误解了你、低估了你，市场没有挖掘的价值了。在十几年前你可以说“融资无门”，现在再说自己“融资无门”、怀才不遇都是无稽之谈，因为市场中有大把的机会。

创业者一定要立足自身去发现问题、解决问题，提高认知力水平。很多时候，磨刀不误砍柴工，不是说融到多少资金就能胜，也不是说融资慢了就会比别人落后。比如，我们投资了一个无人机项目，有很多同赛道的其他项目比它融资更早，也有融资规模比它多 10 倍以上的，但现在这些项目大多销声匿迹了。

所以融资快慢有时候并不妨碍你把项目做起来。决定项目成败的最关键因素还是认知力。很多项目获得投资款，但创业者的认知力水平不高，导致资金利用率很低。我的意思就是，创业也好，做投资也好，认知力都是第一位的。只要你的项目有足够广阔的前景，最后肯定会有很多投资人买你的账。

问题六

学员：杭海军（创业心学实验室学员 路图创始人）

问题：我们是做境外旅行拍摄的，目前在世界各地有 13 家直营门店。我有几个问题想请教老师：第一，我们是应该做“大而全”的旅游平台，还是应该坚持在垂直细分领域做“小而美”的生意？第二，小而美的智能门店，线下模式是否可行以及相应的时间节点是怎样的？第三，在面向客户方面，您还有什么建议？

吴世春：先来回答你的第二个问题。如果你的用户需求能够从小众化需求走向大众化需求，那么你应该立足于“小而美”做垂直细分领域的生意，而不应该做个性化定制生意。但是，如果你发现它是一个非常小众的生意，你就一定要通过技术手段创造更加高品质的服务。

回到第一个问题——做旅游平台还是做垂直细分领域的生意？我觉得肯定是做垂直细分领域的生意，因为现在再投资做出一个旅游平台，这种难度是非常大的。

你做的这种生意一定要将线上线下相结合，但是我觉得初期应该以线上为主，未来，你可以在用户量达到一定规模的时候开线下门店。

另外，从纯摄影到海外落地服务有一系列的业务，你是不是应该结合这些业务提供更多的服务套餐，比如说摄影＋地接、陪玩、导游……

此外，你还要考虑为客户提供摄影服务后，他们怎么使用照片。他们是拿去与亲友分享呢，还是在朋友圈分享？或者是把它做成一些相册、纪念品、相框之类的？你要往后去想，比如，他要将照片分享到朋友圈，那么你的照片和服务肯定要让他感觉到性价比高，有炫耀的价值。这样，如果之后去追踪每张照片对于用户而言的使用价值，你就会知道你的摄影师应该为客户拍出一些什么样的照片。

在与一个潜在客户沟通之前，你要通过他的朋友圈进行分析。如果他开通了微博账号，你也要通过微博账号分析一下，这样你就能够把他的几个特征整理出来，他拍的风景照多，还是人像照多？自嘲搞怪的照片多还是炫耀的照片多？了解清楚这些信息，你就可以精准地把握客户的需求。这就是说，在产品设计上，你还是要以客户为中心。

有可能客户不会直接告诉你他要的是什么样的照片，但是你要把握客户的诉求，然后给他策划几个拍摄方案，往他需要的方向上拍，提高客户满意度。以客户为中心，不是对所有客户提供标准化的服务，而是要提供量身定制的个性化服务。如果未来能提供随需应变的多样化服务，那就更厉害了。这就意味着对于每位用户，你都能够从摄影师或者是分店导购那里确定他需要的是什么样的价值。我们在拍的时候，要善于发掘客户的需求，这些需求可能是他后续要去分享、炫耀、做相册，等等，我们要围绕这些需求为他创造价值。

总之，你要以客户为中心，把需求分析前置，把服务跟踪后置。具体来讲，就是要先整理出客户的特征，去做一些客户需求分析；把照片的使用后置，去做一些服务跟踪。摄影师拍完以后，客户会怎么使用这些照片？他有没有分享到朋友圈？有没有提到过你们？有没有夸你们帮他拍出了很满意的照片？这些恰恰体现了你的竞争力。只有这样去做，你的服务周期才是一个完整的周期，而不是仅仅在于接单、拍摄。

问题七

学员：张永生（创业心学实验室学员　易小店创始人）

问题：当项目逐渐形成规模后，如何处理标准化的问题？

吴世春：你要思考在这个单量的情况下，你的市场规模会有多大；未来吃透了这个市场，你什么时候会遇到天花板；在这个领域中，你会遇到什么样的竞争对手；相比他们，你的效率会不会更高。

如果你做成一种 SaaS 服务，开发一种可持续的工具，让两端能够自动发生交易，这种生意的规模就会更大。接下来，你要考虑的重点是，要让你的工具越来越好用，还是让你的工具越来越强大。如果要让工具变得更强大，你投入的人力会越来越多，人员的培训、系统的效率就会受制于规模。所以我觉得，如果你认为这个市场的需求可以标准化，那么可以把 SaaS 服务尽可能地标准化。

问题八

学员：姜黎（创业心学实验室学员　简造游戏创始人）

问题：如果创业开始之后，创业者发现项目可能不合适，是应该再坚持一下还是应该放弃？

吴世春：其实在创业的过程中，创业者最怕的不是在第一年、第二年发现这个项目不好做，而是做到四五年以后才发现自己驾驭不了这个领域的项目，后者的机会成本太高了。所以，我一直认为，每个人都应该严肃地对待创业。

创业是一件比较消耗创业者精力、财力的事情，甚至创业者需要牺牲陪伴家人的时间。如果你只是打工，那么只要按时上下班、做好分内的事情就好。一旦你进入创业状态，基本上就需要全身心地投入其中，这会给你造成很大的损耗。如果创业者在创业五六年之后才发现自己所在的领域不是自己所能驾驭的，这个机会成本就太高了。所以创业者在选择创业领域的时候，避开不适合自己的领域就是一种成功。

把这件事情想清楚非常重要。我们的实践课要讨论的内容有很多，比如什么是商业、怎么盈利、什么是创业、怎么看待投资、怎么经营你的产品。大家通过课程理解这些问题，就可以为人生节省很多成本。

我的一个朋友在 2005 年开始做地图软件生意，最后发现这是大公司的主地盘。百度、腾讯、阿里做地图软件，是可以投入 1000 人专门做研发但是不需要在短时间内获得收益的，因为大公司把它当作一个基础设施，当作一个用户流量的入口。

但是创业公司不能不考虑盈利，不盈利怎么养活人？所以别人在不盈利的情况下还比你做得更好，还能投入 1000 人，你只能投入几十人，这个生意就没法做了。所以，创业者应该躲开这类生意。

导航软件这个生意也是一样的。当时红杉的周总问我对导航软件的看法，他说有几十万司机在用。我说做这个东西没有意义，因为百度地图一定会有导航功能，这些司机都会选择百度地图。做地图软件的大公司会让用户免费使用这些软件，它们持续投入，统计的数据比你的更全面，你有的功能它们一定会有，它们能投入得更多，这些都是创业公司做不到的，所以这个生意你没法做下去。举这个例子就是想说明，选择创业的方向非常关键。

问题九

学员：杨志刚（创业心学实验室学员　车管通创始人）

问题：初创团队可能在资金实力、上市时间方面都不具备优势。在这种情况下，面对一些热门项目、风口项目，初创团队是应该选择另外一个细分领域的项目，还是应该通过其他方式迂回进入这些项目？

吴世春：我认为，初创团队还是应该尽量躲开这种热门项目、风口项目。除非你是最早尝试这类项目的人，这样的话，投资人会认为你有一定的先发优势；否则，如果别人都已经做到了一定量级，投资人就可能更愿意选择那些有号召力、有明星效应的项目，会愿意赌它。

因为这些具有明星效应的项目具有号召力，能够整合供应链、渠道等。所以我认为，初创团队确实应该躲开这类项目，除非你最早发现这类项目或者商业模式。

问题十

学员：杨斌（创业心学实验室学员　浙江汉固达网络信息技术有限公司创始人）

问题：项目做大之后，公司需要更多的人员，否则没有办法上市，您如何看待上市、做大做强和盈利之间的关系？

吴世春：为什么要上市？盈利就可以了。很多人都以为上市是多么了不起的事情，其实充盈的现金流才是最关键的。况且很多企业上市以后很难套现。如果企业能实现充分盈利，为什么要上市呢？

公司不必招聘那么多人。不要说为了扩大企业规模，现在将员工从 120 人扩大到 300 人。养人是一种负担。并且，只是因为想做大而去做大，这种想法是不对的。别的学员也不应该有这种想法，创业者要想清楚自己要什么。

怎么评判做大做强？不是融到资、上市或者市值做到多少就是做大做强。有很多公司进入 A 股市场后仍是僵尸公司。在行业中，你创造一种新的商业模式，它很有竞争力，你自己活得很好，这才叫真正的做大做强。

任何一个项目，如果你盈利了，但是没有想清楚自己为什么能盈利，最后你盈利的那部分业务就会被别人抢走。所以，你应该回头梳理自己哪些地方做对了，哪些地方没有做对；哪些地方是不必要的，哪些人员、哪些店家为你的盈利贡献了力量；哪些地方是可以外包出去给第三方做的；砍掉无关紧要的业务，抓住你做对的那些事情，把做对的事情复制、扩大再做强。想清楚这些很重要。

我们在想一件事情时，应该实事求是、从本质出发、深刻一点，如果为创业而创业，为融资而融资，为做大而做大，就会制造画蛇添足这类笑话。

参考文献

［1］ 王阳明 . 中华经典藏书：传习录［M］. 海口：南海出版公司，2015.

［2］ 王觉仁 . 王阳明心学［M］. 北京：民主与建设出版社，2015.

［3］ 度阴山 . 知行合一王阳明［M］. 北京：北京联合出版公司，2019.

［4］ 冈田武彦 . 王阳明大传：知行合一的心学智慧［M］. 杨田，冯莹莹，袁斌，译 . 重庆：重庆出版社，2018.

［5］ 冈田武彦 . 王阳明与明末儒学［M］. 吴光，钱明，屠承先，译 . 重庆：重庆出版社，2016.

［6］ 冯友兰，等 . 知行合一：国学大师讲透阳明心学［M］. 北京：台海出版社，2016.

［7］ 吕思勉 . 从宋明理学到阳明心学［M］. 北京：新世界出版社，2017.

［8］ 黄仁宇 . 万历十五年［M］. 北京：生活 · 读书 · 新知三联书店，2015.

［9］ 黄仁宇 . 中国大历史［M］. 北京：生活 · 读书 · 新知三联书店，2015.

[10] 黄卫伟 . 以奋斗者为本［M］. 北京：中信出版社，2014.

[11] 李善友 . 第二曲线创新［M］. 北京：人民邮电出版社，2019.

[12] 吴声 . 新物种爆炸：认知升级时代的新商业思维［M］. 北京：中信出版集团，2017.

[13] 刘慈欣 . 三体［M］. 重庆：重庆出版社，2008.